Les Ténèbres de Dieu

LE PROCESSUS QUI CONDUIT A LA GRANDEUR

LORD LOMBO

Les Ténèbres de Dieu

ISBN 978-0692756911
Lord Lombo Ministries
Copyright © LL Ministries 2016
Facebook : Pastor Lord Lombo
Twitter : @lord_lombo

Sauf indication contraire, les textes bibliques repris dans cet ouvrage sont tirés de la version Louis Second.

TABLE DES MATIERES

A ma mère,

Nul n'est indispensable, c'est vrai,
mais certaines personnes sont irremplaçables.

REMERCIEMENTS

Je vous voyais souvent passer des nuits blanches en train d'écrire vos livres ; je me demandais quel plaisir vous en tiriez et, aujourd'hui à faire comme vous, je me rends compte que sur ce point nos destins sont similaires. Merci d'avoir toujours été une source d'inspiration papa.

Clay, Candy, Gloria, Israël, Norvège, Gracia, et Gamaliel, lors de la rédaction de ce livre je repensais à certains évènements que nous avons traversés ensemble. Vous avez inconsciemment rendu cette expérience d'écriture unique et riche en émotions.

Pasteur Roland Dalo, vous êtes l'une de mes plus belles rencontres sur le chemin du destin. Proverbes d'Agur fils de Yake.

Malgré vos multiples occupations, vous avez consacré du temps à lire, corriger et donner des orientations pour parfaire cette œuvre, chers pasteurs, aînés dans la foi, collègues dans le ministère, enfants spirituels et amis, trouvez dans ces quelques mots l'expression de ma profonde gratitude.

Christina Olangue, toi qui peux donner corps à mes idées comme Tertius le fit pour Paul lors de la rédaction de son épitre aux Romains, au tout début de cette ère de la grâce.

La maison « Devenir Meilleur », l'écrivain Onsik Nkoto et le manager Crebix Bob Nkoto, pour leur accompagnement littéraire dans la correction de l'ouvrage ainsi que pour leur assistance en conseils.

Vous tous qui lisez ce livre, merci de prendre la peine de le faire (si seulement vous le lirez jusqu'à la fin, ce qui n'est pas toujours une tâche facile), vous en serez certainement bénis.

Allez ! J'ai déjà hâte que vous tourniez cette page...

On reconnaît la grâce d'un enseignant par sa capacité à toucher aux sujets considérés comme di iciles dans la Bible, en les exposant avec une simplicité très accessible, non supericielle.

Dans ce livre, je vois agir ce don du premier au dernier chapitre, la peur portée sur des sujets qui touchent à la personne de Dieu, se dissipe au fur et à mesure que l'on reconnaît l'œuvre du Saint-Esprit dans les lignes dees écrits.

ATHOMS MBUMA
RECTEUR DE "LE CULTE INSTITUTE" ET COORDONNATEUR DE GAËL MINISTRIES

De la même manière qu'Israël ne pouvait accéder à la terre promise sans traverser le désert et de la même manière que le Fils de l'homme ne pouvait être souverainement élevé sans passer par la croix, Dieu ne peut s'empêcher de nous faire passer par ses ténèbres qui demeurent un passage obligé vers notre destinée.

Sur le chemin de la vie chacun a ses épreuves, son désert, ses ténèbres que Dieu permet. "Les ténèbres de Dieu" est un précieux ouvrage qui ne vous laissera pas indifférent après lecture et relecAture.

PASTEUR KEN LUAMBA
Pasteur du Centre Missionnaire Philadelphi

PREFACE

« Les ténèbres de Dieu », un livre que j`ai lu ou mieux dévoré quasiment d`un trait tellement il est riche et enrichissant. Non seulement que je vous recommande sa lecture mais bien plus, je vous encourage à le faire lire. Au-delà de son titre un peu « provocateur » et « incompréhensible », car opposant deux notions difficiles à associer (Le Grand Dieu « supposé » n'être que Lumière et les ténèbres qui le plus souvent sont considérées comme l'émanation du diable) ; ce livre est d`une richesse incroyable.

J`ai eu difficile à rapprocher les richesses qu`il contient avec la jeunesse en âge et dans le ministère de son auteur, néanmoins cela m`a amené à comprendre pourquoi le jeune Elihu pouvait dire dans Job 32: 8 «... *en réalité, dans l`homme, c`est l`esprit, le souffle du Tout puissant qui donne la sagesse...*».

J`ai appris à connaitre Lord Lombo, l`enseignant ; mais là, je découvre l`écrivain, et alors quel écrivain! Il y a, certes, l'enseignant dans l`écrivain de par son style particulier mais aussi par sa méthodologie de communication. Cependant, il a élevé la barre très haut.

Lisez et vous me rejoindrez dans mes conclusions ; mais aussi faites lire.

Rév. ROLAND DALO LUHATA
Pasteur Responsable du Centre Missionnaire Philadelphie

INTRODUCTION

Naturellement, la lumière nous attire alors que l'obscurité nous effraie et nous repousse. Le noir rime souvent avec le danger et la peur. C'est un phénomène qui a lieu depuis la nuit des temps.

En effet, toutes les civilisations donnent une interprétation particulière à l'obscurité. Pour les Cathares comme pour les Manichéens, les ténèbres sont l'opposé de la lumière.

Dans bon nombre d'initiations de civilisations anciennes, « la descente aux enfers » était un passage incontournable au cours duquel le candidat devait affronter ses peurs et ses chimères c'est-à-dire les zones obscures et cachées de son subconscient. C'était, en fait, l'épreuve ou le passage le plus important du rite initiatique; le moment où le candidat devait lui-même découvrir sa nature profonde et la plus intime pour se renouveler, mourir et renaître.

« L'obscurité intérieure », « la traversée de la nuit », « la traversée du désert », « le voyage dans la terre intérieure », « le combat des ténèbres », « affronter l'obscurité » sont autant d'expressions imagées censées exprimer cette phase de transformation psychologique et spirituelle d'après les cultures.

Dans les religions orientales telles que l'hindouisme, le bouddhisme et le taoïsme, le monde n'est pas simplement divisé en deux, la lumière d'un côté et les ténèbres de l'autre. Le symbolisme traditionnel y introduit un élément intermédiaire, l'ombre qui tient lieu à la fois d'élément équilibrant et de lien ou pont spirituel entre lumière et ténèbres.

Dans la Bible, les cinq premiers versets du livre de Genèse relatent le scénario du premier jour de la création en illustrant la naissance de la lumière.

Dans le livre de Genèse, il est juste dit que Dieu sépara la lumière des ténèbres. On n'a pas présenté Dieu comme étant le Créateur des ténèbres. Cependant, Esaïe a écrit (45 :7) « *Je forme la lumière et je crée les ténèbres...* » Nous comprenons donc que c'est Dieu qui est également le Créateur des ténèbres.

Dans le contexte de la religion et des croyances, le mot« ténèbres » est toujours utilisé dans sa forme plurielle. En tant que concept dans le domaine de la croyance, il désigne le néant, la mort, l'état d'une âme privée de Dieu ou de la grâce. Les ténèbres s'opposent ainsi à la lumière.

Par contre, nous nous accordons tous dans la définition du concept ténèbres lorsqu'il s'agit de symboliser l'inconnu, le mystère, l'angoisse, la recherche ou l'ignorance.

Ces symboles-ci sont souvent associés aux ténèbres : le noir, l'obscurité, l'enfer, l'opacité, le secret, l'obscurantisme, la barbarie, le brouillard, l'angoisse, l'incertain, la perdition, etc.

Toutefois, les ténèbres ont également été depuis toujours une source d'inspiration pour l'imagination humaine.

Ceci appelle à la réflexion quand nous lisons : « *les sacrificateurs ne purent pas y rester pour faire le service, à cause de la nuée ; car la gloire de l'Eternel remplissait la maison de l'Eternel. Alors Salomon dit : L'Eternel veut habiter dans l'obscurité* » I Rois 8 :11-12 et le psaume 97 :1-2 qui renchérit : « *L'Eternel règne : que la terre soit dans l'allégresse, que les îles nombreuses se réjouissent. Les nuages et l'obscurité l'environnent, la justice et l'équité sont la base de son trône* ».

Or, la Bible elle-même énonce la dualité qu'il y a entre les ténèbres et la lumière quand l'apôtre Jean, qualifié d'apôtre ésotérique, dans Jean 1 :5 écrit « *la lumière luit dans les ténèbres, et les ténèbres ne l'ont point reçu* ». Il y a donc un contraste quant à dire que Dieu est lumière (1 Jean 1:5) mais qu'Il habite les ténèbres.

Nous laissons à d'autres auteurs le soin de développer sur les ténèbres ainsi que sur cette dualité qu'il y a en Dieu, entre lumière et ténèbres.

Dans notre ouvrage, nous prenons les ténèbres comme une image, une métaphore. Nous considérons les ténèbres comme un processus, un espace de transformation, un chemin, un lieu de changement et d'acquisition de maturité. Dieu n'est pas ténèbres, et il n'y a point de ténèbres en Lui mais il est environné des ténèbres (Psaumes 97 :2).

Si les ténèbres environnent Dieu, alors quiconque s'approche vers Dieu doit nécessairement passer par les ténèbres avant d'atteindre sa Lumière.

Les ténèbres ne constituent pas ce qu'il est, plutôt le parcours pour contempler qui il est. Voilà pourquoi lors du pèlerinage de tous ceux qui s'approchent de Dieu, à un moment donné surgissent forcément les ténèbres pour les éprouver, les briser, les tailler, les mûrir, les transformer, etc.

Parlant des ténèbres dans ce livre, nous ne faisons pas toujours référence aux couleurs noires ou aux réalités obscures mais plutôt à un ensemble de phénomènes, de moments qui arrivent probablement à une personne pendant sa marche avec Dieu. Les caractéristiques des ténèbres sont propres à chacun.

Dans cet ouvrage, nous ne vous définissons pas des dogmes se rapportant aux ténèbres de Dieu, plutôt vous énonçons quelques principes essentiels qui permettront à chacun, partant de ses expériences personnelles, de trouver le mot juste pour définir ce concept« ténèbres »selon sa propre expérience avec Dieu.

« Les Ténèbres de Dieu » est le mot générique pour définir la solitude durant la marche, l'angoisse, l'incertitude, la perte d'espoir, l'absence des repères, la peur du lendemain, les abandons, etc.

Un jour, alors que je suivais une émission sur une grande entreprise de fabrication de lait, je suis tombé sur l'interview qu'une journaliste de renom avait enregistrée avec le propriétaire de la fameuse entreprise. Après avoir vanté la bonne qualité de leur produit, la journaliste lui demanda quel était son secret pour fournir un si bon résultat. La réponse du monsieur m'inspira beaucoup. Il répondit: « Pour que le résultat soit si bon, nous veillons sur le processus qui y amène. *Quand le processus est bien respecté, on ne s'inquiète plus de la qualité du résultat* ».

De la même manière, Dieu nous plonge dans un processus, un processus qui amène à la grandeur d'après les normes de Dieu. Dans les ténèbres, il nous forme, il nous façonne, il nous taille afin que la lumière (l'exposition, l'élévation, la renommée, etc.) ne nous détruise pas. Tous ceux avec qui Dieu a fait des exploits ont connu ce genre de moments, chacun à sa manière, chacun avec ses expériences uniques, parfois douloureuses; mais tout cela fait partie du processus.

Le but de ce livre n'est pas de vous conforter avec les ténèbres ou les endroits sombres et suspects, mais de vous encourager et conscientiser à vous rapprocher de Dieu pendant vos moments sombres et difficiles.

Notre prière est qu'au moyen de ce livre, Dieu affine votre vue pour être en mesure d'apprécier sa lumière lors de vos moments des ténèbres. Notre prière trouverait tout son sens pour ceux, qui n'ayant pas encore opté pour le Seigneur Jésus, acceptent de lui ouvrir leurs cœurs maintenant même. Cet acte d'engagement leur permettra de mieux apprécier cette étude qui se rapporte sur les ténèbres de Dieu.

Si tel est votre cas, faites cette prière avec moi: « Seigneur Jésus, je te donne ma vie. Je reconnais que tu es mort pour mes fautes. Sois le Seigneur et le Sauveur de ma vie. Je déclare que je suis à présent une nouvelle créature. Les choses anciennes sont passées et voici toutes choses sont devenues nouvelles. Mon passé est cloué sur le bois du calvaire et désormais, je suis enfant de Dieu, rempli de ton Esprit. Amen! »

Bonne lecture.

CHAPITRE I

ARABIE DE PAUL,
LE DÉSERT DE LA PRÉPARATION

On raconte l'histoire d'un monsieur qui voulait fabriquer un panier d'osier. Chaque fois qu'il tentait, il échouait mais il ne se lassait pas de recommencer. Puis vint un beau jour où il réussit son panier. Plusieurs personnes de son entourage vinrent le féliciter en disant voilà enfin une réalisation après plusieurs échecs. Le monsieur rétorqua: « Je n'avais jamais échoué, j'étais seulement en train de m'entraîner à réussir! »

Chaque personne, eu égard à sa culture et à son instruction, a sa façon de se préparer quand il doit faire face à certains évènements importants de sa vie.

1. Importance de la préparation :

Dans la religion catholique, pour obtenir un sacrement on suit une catéchèse; dans le monde professionnel, on effectue un stage; dans le sport, on s'entraîne; dans le domaine scolaire, on étudie; dans le théâtre ou la musique, on répète. Bref, différents mots, divers domaines mais une seule notion exprimée: celle de se préparer avant d'exécuter une tâche.

Il est très fréquent de voir dans les librairies des ouvrages titrés : Comment réussir sa carrière, comment parler en public, comment maigrir, comment se préparer au mariage, comment se préparer à l'accouchement, comment se préparer pour une interview ?...

Ce besoin de connaître le comment des choses ainsi que la notion de le prescrire ne date pas de ce siècle. Effectivement, il y a bien des siècles passés chez plusieurs peuples que se pratiquaient les « initiations ». Ces pratiques cérémonielles différaient selon les cultures mais aboutissaient toujours par transformer l'adolescent en un homme mûr. L'initiation le préparait, en fait, à assumer ses futures responsabilités dans la société.

Nous pouvons donc dire que de tout temps, la préparation est une notion à laquelle l'humanité accorde beaucoup d'intérêts.

S'il faut se préparer pour réussir son interview, se préparer pour être un bon conjoint, pour cuisiner du pain, pour faire un discours ; à fortiori le faudrait-il pour réussir sa vie ?

La préparation est une des conditions sine qua none de la réussite. En son temps, Napoléon Bonaparte disait : « Plus de sueur à l'entraînement, moins de sang au combat ». Telle est la place de la préparation dans une vie et dans tous les domaines y afférents. La réussite n'est pas une génération spontanée mais la conclusion d'une longue série de préparations.

« Et je ne montai point à Jérusalem, vers ceux qui furent apôtres avant moi, mais je partis pour l'Arabie puis je revins encore à Damas » Galates 1 : 17

ARABIE DE PAUL, LE DESERT DE LA PREPARATION

En lisant ces phrases, on a l'impression que ces évènements se suivent. Or plusieurs commentateurs et érudits de la Théologie s'accordent pour évaluer au nombre de 3 ans, le temps entre le départ pour l'Arabie et le retour vers Damas. Trois ans qui ne se résument qu'en une phrase ; trois ans dont le récit ne nous est pas rapporté avec détails. Ce temps qui apparaît comme un trait blanc, comme un vide ; ce temps que même la Bible balaie en un revers est pourtant capital pour le ministère de l'apôtre Paul puisque dans ses autres écrits, il fait quelques allusions à ces moments passés en Arabie ainsi qu'à leur apport dans son ministère.

Paul dit simplement « Je partis pour l'Arabie ». Plusieurs théologiens se mettent d'accord pour dire que ce moment en Arabie, venu juste après son temps à Damas, était un moment de retraite spirituelle. Paul, disent-ils, suivant ainsi la voie de tous les mystiques, se retire au désert afin de s'isoler, de se retrouver pour un temps seul avec Dieu, bref de se préparer au grand destin qui l'attendait.

Le terme « Arabie » s'appliquait à toute la péninsule arabique, mais le royaume en était celui des Nabathéens, avec sa capitale Petra, véritable nid d'aigle dans le désert, contrôlant la route des caravanes. Les ruines gréco-romaines de cette capitale-forteresse sont impressionnantes. L'Arabie comprenait plusieurs autres territoires et s'étendait même jusqu'aux fleuves de la Mésopotamie, le Tigre et l'Euphrate.

Pendant cette période, se poursuit en Paul une transformation spirituelle et intellectuelle qui laisse de plus en plus apparaître ce que plusieurs qualifient de « théologie Paulinienne ». Paul parlera de « son évangile » : « *L'évangile que j'ai annoncé n'est pas à mesure humaine: ce n'est pas non plus d'un homme que je l'ai reçu ou appris, mais par une révélation de Jésus-Christ* »(Galates 1 :11-12). Révélation reçue certainement en Arabie.

2. Exemples de préparation dans la Bible

La Bible n'est pas très bavarde sur les temps de préparation de certains de ses personnages. On ne nous donne pas assez des détails sur le contenu des trente premières années de Jésus, par exemple. Seule une histoire datant de ses 12 ans nous est parvenue. Le reste du temps que faisait-il ? Serait-ce parce que cette période est insignifiante qu'elle n'est pas relatée ?

La Bible ne parle beaucoup avec moult détails sur les préparations de ses personnages, et même quand elle y fait allusion cela est repris de façon sommaire. D'après moi, cela est pour nous faire comprendre que la préparation ne s'annonce pas à la météo comme une pluie ou un orage, que son but n'est pas de nous fournir un beau récit à partager mais plutôt celui de nous façonner pour que nous devenions nous-même ce récit. Dieu ne nous façonne pas seulement pour que nous soyons prêts pour la promesse, mais il la travaille aussi pour qu'elle soit prête pour nous.

Certaines choses ne se produisent que lorsque certaines personnes ont atteint un certain niveau de maturité. Plusieurs récits dans la Bible illustre bien cela: Les ânesses du père de Saul se perdent et conduisent Saul à la rencontre de Samuel et finalement, à celle de la garnison des prophètes. Et c'est un peu comme si l'ânesse sur laquelle était montée Jésus ne l'attendait que lui. Trop de coïncidences qui nous poussent à assumer la pensée selon laquelle Dieu ne prépare pas que le joueur mais il prépare aussi le terrain, les règles de jeu et même les adversaires.

Le récit de la création dans Genèse démontre cette façon de faire de notre Dieu ; Il crée le milieu puis Il crée ceux qui vont le peupler: Le ciel afin que les différents luminaires l'occupent ; l'atmosphère afin que les oiseaux s'y déploient ; Il rassemble les eaux afin que les poissons y vivent ; et enfin quand Il fait apparaître le sec (la terre), c'était pour que les hommes et les animaux non-aquatiques s'y établissent. Dans nos ténèbres, Dieu nous prépare et prépare aussi notre prochaine étape dans la lumière.

3. La préparation dans les ténèbres de Dieu

En lisant le sous-titre de cet ouvrage nous comprenons qu'il y a forcément une préparation dans les ténèbres avant d'atteindre la lumière.

Les ténèbres de Dieu sont la préparation à la contemplation divine. Cette préparation n'est pas un lieu où nous devons arriver, ni un ensemble de connaissances à maîtriser et restituer pendant un examen, ni une série d'épreuves à valider pour satisfaire mais un processus à multiples étapes que nous devons assimiler graduellement par le vécu quotidien. Ce processus est propre à chacun et se fait à l'abri des regards.

Il n'implique pas toujours détresse, tristesse, ou malheur. En effet, comme nous l'avons dit dans l'introduction les ténèbres sont très vite assimilées à ce qui est triste, douloureux... et le fait que la préparation s'élabore dans les coulisses rime pour plusieurs, avec larmes, cris, blessures, détresse, manque, trahison, pénurie etc. Il est vrai que dans la préparation, on ne manque de rencontrer ces choses mais ce n'est pas une condition sine qua none.

L'essentiel de la préparation n'est pas dans ce qu'on manque mais plutôt dans ce qu'on acquiert.

Un parcours unique implique une préparation unique. Alors ce n'est pas parce que vous manquez et que celui qui est à vos cotés est dans l'abondance qu'il faut douter de l'authenticité de ses ténèbres!

Mille hommes, mille récits de conversions ; autant de préparations, autant de ténèbres de Dieu. Si d'aventure dans vos ténèbres, vous continuez encore à faire cas des autres, posez-vous la question si vous êtes vraiment sur le bon chemin. Car plus on s'approche de Dieu, moins nous avons conscience de ce qui nous entoure. Je pense que lorsqu'on dit que Dieu habite dans les ténèbres cela traduit aussi le fait que lorsqu'on s'approche de Dieu toutes les lumières autour de nous deviennent ténèbres pour ne laisser briller que sa lumière seule.

4. Les étapes de la préparation :

La vraie préparation se fait à l'abri des regards, où seul avec son Créateur, on découvre son plan pour embrasser la destinée.

Lorsqu'un grain est semé dans la terre, personne ne sait voir les étapes par lesquelles il passe. Nous le voyons après pour ensuite constater sa transformation en arbre. Nous ne le voyons pas lorsque la chaleur du sol l'éteint de plus en plus, pendant qu'il suffoque. On ne le voit pas quand il lutte pour éclore et être vu au-dessus de la terre.

Toutes ces étapes si cruciales se font à l'abri de tous les regards. Il est de la nature humaine de faire confiance à une personne aujourd'hui en fonction de ce qu'il a su faire hier. Heureusement que pour nous qualifier pour l'avenir, Dieu ne tient pas compte de notre passé. Il ne s'appuie que sur ce qu'il a déjà fait dans l'éternité et s'engage par rapport à ce qu'il nous dit.

Il est vrai que cet aspect de la personne divine ne va pas être traité dans ce chapitre. L'intérêt est ici porté sur l'angle de Dieu qui nous prépare avant de nous exposer. C'est ainsi que David fort de son expérience des coulisses, sans témoin ni assistance, pouvait s'avancer pour affronter Goliath. En fait, il s'avançait pour faire ce pourquoi il était entraîné.

Mais dans la plupart des cas, comme celui de David; la préparation est un assez long processus, un long moment de solitude, de doute et de remise en question.

Joseph en a connu un bon gros lot à ce propos. A 17 ans, il est vendu en Egypte ; pourtant il n'accède au poste de premier ministre qu'à 30 ans. Il a donc connu 13 années entre la maison de Potiphar et la prison. Durant ces sombres années au cours desquelles il vivait dans l'ombre en traversant des situations pénibles, certainement qu'il se demandait à quoi tout cela l'avançait!

Joseph, le rêveur, commençait certainement à enterrer ses rêves car petit à petit les affres de la servitude et de la prison le dépouillaient de son espoir. Pendant ses quarante ans à Madian, loin de son peuple, Dieu a préparé Moïse à être le leader du peuple d'Israël.

Il arrive donc un moment dans la vie, loin des regards, loin parfois même de ce que nous sommes appelés à faire, où Dieu nous travaille. En effet, le but de la préparation n'est pas de nous accabler ou simplement de nous malmener, plutôt celui de nous donner la forme qu'il faut. Un jour, dans ma chambre pendant ma formation en théologie à Atlanta aux USA, le Seigneur me dit clairement ceci: « Lord, quand Je multiplie les coups de marteau dans ta vie, ce n'est pas pour te détruire mais pour te façonner ».

Le plus important pour Dieu n'est pas seulement ce qu'il peut faire avec nous mais également ce qu'il peut faire en nous. C'est ainsi qu'avant de travailler avec quelqu'un, Dieu prend soin de le préparer.

Préparer dans ce contexte n'implique pas seulement la préparation dans l'œuvre ou la tâche à assumer ; il ne s'agit pas que de ce que vous allez faire mais de la personne que vous devez devenir.

L'onction amplifie les compétences, les aptitudes, l'habileté mais le caractère se forge dans les ténèbres.

Plongé dans les ténèbres de Dieu, nous n'avons de lumière que pour nous voir nous-mêmes et Le voir Lui, afin d'être changé en la même image de gloire en gloire. Quand l'on se rapproche de Dieu, toutes les lumières autour perdent leur éclat. Au fur et à mesure qu'on l'atteint toutes les lampes s'éteignent pour ne laisser briller que la sienne. C'est de cette façon là qu'il nous travaille.

Dieu travaille notre caractère, notre façon d'être. Il remodèle nos motivations, Il les conforme aux desseins qu'Il a préétablis pour nous. C'est cela que représentait l'Arabie pour Paul : un incubateur, un lieu à l'opposé de celui dans lequel vous devez opérer mais déterminant pour votre avenir.

L'Arabie représente ce lieu où la semence de Dieu dans l'homme doit grandir et atteindre la maturité.

L'Arabie ne s'annonce pas toujours. Du reste, bien souvent les saisons de visitation viennent et partent sans s'annoncer. Ce sont les hommes qui, après avoir répertorié un certain nombre de faits y afférents, concluent qu'on vient de changer de saison. Il en est de même avec le désert de la préparation de l'Arabie : cela ne s'annoncera pas. Nous devons, à cet effet, être alertes et prompts à suivre le mouvement de Dieu.

Engageons-nous ainsi à bien faire ce qui nous est demandé comme service. Sous le toit parental, soyons des bons fils. David l'était et son père savait qu'il pouvait compter sur lui. Il l'envoyait s'enquérir des nouvelles de ses frères.

Ainsi pendant que vous êtes seul avec le troupeau, soyez le meilleur berger. David aurait pu se dire : il n'y a personne ici avec moi. Puis que je suis seul, à quoi bon combattre l'ours et le lion pour une ou deux brebis de moins ?

Toutes les victoires privées aussi anodines soient-elles renforcent votre arsenal et vous préparent à remporter des victoires publiques. Dans tout ce que nous faisons, efforçons-nous de le faire convenablement car en fin de compte, tout sera utile pour la prochaine étape parce que notre Arabie ne s'annoncera jamais.

La préparation ne s'improvise pas par besoin de se trouver une occupation. On s'y applique parce qu'elle est l'un des moyens pour atteindre l'excellence.

La préparation n'est donc pas un vide à combler moins un temps mort entre deux saisons de notre vie. On ne se prépare pas parce qu'on doit s'occuper mais parce que nous allons quelque part.

5. La préparation au quotidien

La préparation n'insinue pas la répétition. D'aucuns pensent que pour bien se préparer, il faut répéter continuellement la même tâche. Il est vrai que la maxime défend cette façon de voir ; Aristote disait en son temps que l'excellence vient avec l'exercice et on dit souvent que la répétition est la mère des sciences. Cependant, la préparation va au-delà du simple fait de répéter.

Sans la systématisation des connaissances et acquis, on ne peut bien se préparer car il est possible de se préparer mais d'une mauvaise manière. C'est la raison qui nous conduit à vous partager ces savoirs en vue d'une bonne préparation afin d'être en mesure d'assimiler ce que Dieu veut pour vous, pour enfin atteindre la prochaine étape de notre développement.

- Connaitre sa vision (où vais-je?)

C'est vrai que les ténèbres illustrent un processus de préparation mais la bonne question serait donc de savoir à quoi nous prépare cette réalité des ténèbres ?

Pourquoi devons nous donc nous préparer ?

Où allons-nous ?

Si vous n'avez pas encore défini votre raison d'être sur cette terre, votre mission ou encore votre vision, il vous sera ainsi difficile de reconnaitre vos ténèbres. Bien souvent ce sont les exigences du lendemain qui nous poussent à nous préparer dans l'immédiat, aujourd'hui. Nos épreuves sont taillées à la mesure de notre bénédiction, ainsi notre préparation doit aussi être en fonction d'elle.

Toutefois attention, cette préparation ne dépend pas de vous ; elle dépend de celui qui vous a créé et appelé à servir dans son plan. C'est la grande différence qui existe entre le processus des ténèbres et toute autre préparation. Dans les autres préparations, le lauréat en choisit le domaine à sa guise, et décide d'en apprendre les rudiments. Pourtant avec les ténèbres de Dieu, c'est lui-même qui dicte ce qu'il nous faut faire. Parfois les matières qu'il nous demande d'assimiler n'ont rien avoir avec notre background mais c'est lui qui en décide.

Pour connaitre sa vision, il faut prier, être à l'écoute de Dieu mais aussi beaucoup observer l'environnement ainsi que s'observer soi-même.

- Connaitre son potentiel (ce que j'ai)

Pour observer les bégaiements improvisés surtout dans les milieux des jeunes, osez leur poser cette question : quelles sont les qualités que vous vous reconnaissez détenir ?

Très peu répondront courageusement, nombreux vont y réfléchir sur le coup, certains afficheront des sourires béats, bref ils sont de plus en plus nombreux à ne pas connaitre leur potentiel.

Les limites, les faiblesses et les expériences font partie de l'arsenal de votre potentiel que vous vous devez de connaitre. Sinon, qu'améliorez-vous dans votre vie chaque année si vous ne vous connaissez pas ? Qu'est ce que vous faites le plus naturellement possible ? Quels ont été les moments de votre enfance qui vous ont le plus marqués ?

En parlant de potentiel, beaucoup se cantonnent à dire limites et faiblesses, oubliant aussi que leurs expériences en font aussi partie. Les circonstances que vous avez vécues ont contribué à ériger votre personnalité, à développer ce que vous êtes. S'il a pu être canalisé, mon passé est une bonne chose mais s'il ne l'a pas été, il sera donc un fardeau.

Dans mon cas, perdre ma mère très jeune a été un élément qui a beaucoup contribué au fait que je fus très taciturne, un brin renfermé et manquant beaucoup d'assurance en moi-même. A l'âge de la majorité quand j'ai renouvelé mon alliance avec Christ, j'ai réalisé d'où était parti ce problème ainsi j'ai avancé.

Le jadis renfermé n'hésite plus à partager ses expériences et aide plusieurs autres personnes à se libérer de leurs handicaps. Il y a des expériences qui vous amènent à une réaction négative comme ce fut le cas pour moi, mais il y en a d'autres qui vous conduisent à des réactions plus positives et matures. Elles font partie de votre histoire, dans vos forces, vos faiblesses, votre analyse de vous-même ; ne les excluez pas.

- La confiance en soi

Quand je suis arrivée au Etats-Unis pour la première fois, j'étais fortement choqué quant à l'importance qu'on accorde à ce groupe de mots « I believe in you », littéralement « je crois en toi ». Mon malaise est venu après plusieurs scènes dont j'ai été témoin et qui m'ont fait réfléchir. Dans une station de métro un enfant qui avait du mal à nouer ses lacets dit à son père qu'il n'y arrivait pas à le faire ; voilà que ce dernier s'accroupit, lui prit un pied, le noua en lui disant « tu sais Tim, je crois en toi. Regarde comment je fais et tu pourras essayer avec l'autre !» Tim essaye avec l'autre et y arriva parfaitement.

Une autre fois dans une salle de sport, une adolescente visiblement en surpoids n'arrivait pas à faire les longueurs voulues par le coach. Elle était épuisée, puis le coach est venu vers elle en lui disant qu'il croyait en elle et qu'elle pouvait y arriver. A la fin du semestre, j'ai revu la fille toute fine parce qu'elle avait perdu tout son excès de poids.

C'est ainsi qu'en y réfléchissant, j'ai compris que lorsque les américains le disent, cela crée de l'émulation dans le chef de la personne à qui ces phrases sont destinées et elle se sent capable de tout.

Notre égo a bien souvent besoin d'être flatté et entretenu. Il est bon de savoir qu'on croit en nous et que les gens savent qu'on peut y arriver. Seulement, des fois, il n'y a pas aucune personne extérieure pour nous encourager à y aller. C'est alors que nous devons nous motiver nous-même ; nous devons croire en nous-même, croire qu'en nous il y a quelque chose de supérieure aux circonstances ; que la douleur nous forge ; les épreuves nous endurcissent et que la fidélité de Dieu dure à jamais.

Ayez ainsi confiance en vous et en vos atouts. Dans l'univers entier, vous êtes l'unique vous. Depuis que l'univers existe, vous êtes la première et la seule version de vous qui n'ait jamais existé. Il y a certainement des personnes meilleures ou pires que vous ; mais comme vous, Dieu a arrêté d'en fabriquer. Alors croyez en vous-même, parce que moi je crois en vous !

- Savoir se connecter (le réseautage)

En philosophie, on nous a souvent dit que l'homme est un être social, un animal politique. Il a besoin de ses pairs pour se développer. Mais c'est triste de constater que lorsqu'il est question de nos vies, nous réfutons ces notions. Pour les chrétiens de mon pays, le mot « connexion » commence à avoir une mauvaise connotation. C'est synonyme de piston, de parachutage, etc. Ce n'est pas tout à fait ça, quoi qu'un lien de rapprochement y existe. Voyez-vous alors que vous lisez ce livre maintenant, vous êtes bien connectés avec moi. C'est à ce genre de connexion que je fais allusion ici. Pas de connexions stériles ou commensalismes (une relation qui n'enrichit qu'une des parties en interaction) mais des connexions qui vous apportent de la valeur ajoutée.

Voilà donc les quelques petites astuces que nous mettons à la portée de tout celui qui, dans son temps des ténèbres de Dieu, peut considérer et travailler dessus pour donner de la consistance au travail de Dieu dans sa vie et servir, à son tour, de source de bénédiction pour plusieurs.

Une fois que nous aurons compris cette étape, nous serons ainsi prêts à devenir comme Christ.

CHAPITRE II

LE MEILLEUR DE MOI, C'EST DEVENIR CHRIST

« Nous savons du reste, que toutes choses concourent au bien de ceux qui aiment Dieu, de ceux qui sont appelés selon son dessein. Car ceux qu'il a connus d'avance, il les a aussi prédestinés à être semblable à l'image de son fils, afin que son fils fut le premier-né entre plusieurs frères.» Romains 8 : 28-29

Toutes choses concourent au bien de ceux qui aiment Dieu, cela veut dire que tout ce qui arrive à ceux-là qui aiment Dieu n'arrive que pour leur bien. Peine, rire, joie intense, angoisse, manque, perte, accident, promotion, voiture, maison, crédit, mariage, séparation, maladie... Tout cela, y compris ce que vous pouvez imaginer, toutes ces choses concourent au bien de ceux qui aiment. Les évènements de notre vie ne sont pas des îles remplissant l'océan de notre vie, ce sont plutôt les maillons d'une chaîne; tout est relié pour notre bien.

Généralement pour nous les hommes, le bien c'est le bonheur, c'est être heureux. De ce fait, lorsque l'apôtre Paul dit que toutes choses concourent au bien de ceux qui aiment Dieu, ces derniers se réjouissent car tout travaille pour leur bonheur, leur bien-être. Vu la plupart des fins heureuses dont regorge la Bible sur les personnes qui ont marché avec Dieu, cette compréhension courante revêt tout son sens. En effet, Naomi après avoir perdu son mari et ses deux fils ; après être rentrée bredouille dans sa ville d'origine ; après être revenue à la case de départ et après certainement avoir essuyé les quolibets, moqueries de ses voisines, a vécu une vieillesse plutôt heureuse.

David lui aussi a connu ses moments de gloire « Saul en a tué ses milles et David en a tué ses dix milles!» Il fut chef dans l'armée de Saul, devint roi eut des enfants et une heureuse vieillesse. Pourtant entre ces lignes d'accomplissement, il a dû se cacher dans des cavernes pour fuir Saul, il a connu l'inceste dans sa maison, ses enfants se sont entretués, son fils l'a détrôné, son meilleur conseiller Achitophel l'a trahi, etc.

Tous ces évènements de la vie de Naomi et de David prouvent à suffisance que tous les évènements sont liés et travaillent pour notre bonheur, malgré toutes les mauvaises choses qu'ils ont connues. Au contraire, ce sont ces dernières qui ont été leurs meilleurs pédagogues car avec le temps, toute vraie nature finit par être exposée. Le bon comme le mauvais qu'ils ont rencontré sur leur chemin de destinée, leur a été d'une manière ou d'une autre profitable. Le verset de Genèse 50 :20 donne le même aperçu. En effet Joseph dit à ses frères : « *Vous aviez médité de me faire du mal, mais Dieu l'a changé en bien...* ».

Le bien de ceux qui aiment Dieu

Dans la compréhension humaine toutes choses concourent à notre bien pour que nous soyons heureux. Notre bien est l'une des faces de la pièce de notre bonheur. Or au verset 29, l'apôtre Paul explique ce que le bien mentionné plus haut veut dire. Il introduit sa pensée avec la conjonction de coordination « car » pour montrer le lien qui existe avec la phrase précédente : *« Car ceux qu'il a connus d'avance, il les a aussi prédestinés à être semblables à l'image de son fils, afin que son fils fut le premier né entre plusieurs frères ».*

Ainsi, notre bien est celui de devenir semblable à Christ afin qu'il soit notre frère aîné dans la famille de Dieu notre père qui nous a rachetés par lui. Notre but ultime est de devenir semblable à lui, toutes choses étant en marche pour conduire vers ce but.

Un dimanche avant d'entrer dans la salle de culte, je surpris un adolescent en train de questionner son père :

« Papa pourquoi culte après culte on nous parle de la même personne, de ce qu'il a dit et fait ? »

Le père répondit : « parce que chaque jour, dans chaque nouveau culte, il y a une nouvelle personne qui a besoin de le rencontrer afin de lui confier sa vie ».

Le garçon s'arrêta et dit : « c'est exactement ce que j'ai fait hier : je lui ai confié ma vie. Suis-je donc exempté des prochains cultes ? »

Le père visiblement à court d'arguments sourit, lui prit par la main et lâcha un bref « bien sûr que non ! » et ils s'en allèrent au lieu de culte.

Cette conversation me laissa perplexe et en réfléchissant sur les interrogations de ce garçon, nous nous rendons compte de la préoccupation pertinente derrière toutes ces questions est celle de savoir pourquoi après avoir été évangélisés, on insiste encore sur Jésus ; le but n'est-il pas de lui confier nos vies ?

A la lumière de la parole, nous pouvons affirmer que le but n'est pas seulement de lui confier nos vies. Ceci n'est que le commencement de la réalisation du but : Lui ressembler. C'est ainsi que malgré le fait d'avoir reçu Christ, nous continuons d'insister durant chacun de nos cultes sur sa personne. Le but derrière cette insistance est de nous modeler à son image jour après jour, culte après culte.

« *Nous tous, qui le visage découvert contemplons comme dans un miroir la gloire du Seigneur, nous sommes transformés en la même image, de gloire en gloire, comme par le Seigneur, l'esprit* ». 2 corinthiens 3:18

Après avoir ôté le voile de la chair, nous contemplons la gloire de Dieu et nous sommes transformés en la même image. Nous devenons comme lui, semblables à lui de gloire en gloire, et cela est graduel. Deux passages bibliques nous donnent le résumé de cette quête: Galates 2 :20 « *ce n'est plus moi qui vit mais Christ qui vit en moi* », et 1Jean4 : 17 « *tel il est tel nous sommes* ». Ces deux passages traduisent l'idéal à atteindre : Ressembler à Christ en tous points de notre personnalité.

Romains 8 : 19 « *l'humanité attend avec un ardent désir la révélation des fils de Dieu* ». Révéler, c'est laisser voir, montrer ce qui était inconnu et secret.

L'humanité attend donc avec une envie brûlante reconnaitre Dieu dans ses fils ou simplement que les fils révèlent le Père. Cela rejoint le verset 29 du même chapitre qui stipule que nous avons été prédestinés à être semblable à l'image de son fils Jésus-Christ. Le fils a la nature du père et porte ses caractéristiques. Plus nous devenons comme le Fils Jésus, plus nous devenons comme le Père.

Que des situations dans le monde, voire tout autour de nous reprennent la phrase de Philippe : « *montre nous le Père et cela nous suffit* ».

Il est temps que les fils révèlent le Père ; que les fils montrent le Père. Il est temps que nous devenions semblables à son image, semblables à l'image de Christ. *En effet, si Christ vit en vous, il doit être vu en vous.* La réalité de Christ était tellement visible dans ses disciples qu'on les a appelés chrétiens, ce qui signifie comme Christ. Actes 11 : 26.

C'est à cela que sert la parole, à édifier le Christ en nous. Tout ce que nous écoutons et toutes choses qui nous arrivent dans nos ténèbres convergent vers cet objectif : nous transformer et transmettre la nature de Christ en nous, afin que devant les défis quotidiens nous ne réagissions plus comme nous mais comme Jésus.

Nous ne nous convertissons pas pour devenir de bonnes personnes, ni pour avoir une bonne moralité. Je ne pense pas que nous ayons besoin de l'Evangile rien que pour ça.

Nous ne voulons pas que devenir de meilleures personnes ; nous voulons plutôt devenir comme Christ. C'est lui le modèle parfait, car il est le seul de qui le Père a rendu ce témoignage : « *Celui-ci est mon fils bien aimé en qui j'ai mis toute mon affection* » Luc 3 : 22. C'est aussi cela un des buts des ténèbres qui nous couvrent, parce que nous nous identifions au Christ au travers d'elles en tirant des leçons précises, particulières et personnelles qui nous aident à mieux lui ressembler.

Le meilleur que nous pouvons être, c'est d'être comme Jésus. Cela serait beaucoup plus facile si seulement nous nous exposons à lui pour qu'il impose en nous sa vie. Plus nous le contemplerons, plus nous serons transformés en la même image. Plus nous nous exposons à lui, plus il impose en nous sa vie.

Ressembler à Christ, ce n'est pas changer de tempérament ou encore vivre en autarcie. Christ vient en nous pour montrer que tout peut être fait par lui: « *je puis tout par celui qui me fortifie* » Philippiens 4:13. Ressembler à Christ n'annule pas nos passions, notre mission mais leur donne leur vraie dimension, leur vraie raison d'être et d'agir.

Un joueur brésilien affichait souvent un bracelet sur lequel était marqué: « Que ferait Jésus à ma place ?»

Imaginez-vous un Jésus politicien, comment se comporterait-il ? Un Jésus footballeur, comment jouerait-il ? Un Jésus écolier, un Jésus président de la République... Imaginez-vous cela et laissez ainsi ce Jésus s'exprimer par vous!

C'est de cette façon là que le monde verra la révélation des fils de Dieu.

Le plus grand idéal enfoui dans le cœur de l'homme a toujours été celui de porter l'image de Dieu et de lui ressembler. Cela ne s'obtient qu'en devenant semblable à Christ, le rédempteur de l'humanité, le reflet et l'image parfaite du Père. C'est donc vers cet objectif que doivent converger toutes nos vies et tous nos efforts. Et le moyen le plus noble d'atteindre cet objectif est de se laisser vaincre par Dieu, se soumettre à sa main toute puissante.

CHAPITRE III

VAINQUEUR DE DIEU

La première et la dernière fois que je fis du canoë kayak, je fus sur la rivière Chattahoochee en Géorgie. Suite à une inadvertance, je glissai et me retrouvai dans la rivière. Mon premier réflexe fut de me débattre dans l'eau. Ainsi, j'agitai mes mains dans tous les sens pour me maintenir à la surface, pourtant plus je le fis, plus je m'enfonçai. Aussi, le moniteur s'écria-t-il : « arrête de te débattre, laisse-toi porter ». Avec un grand pessimisme, je m'exécutai et à ma grande surprise, je flottai sur l'eau. Pendant un court instant, je crus que c'était un exploit avant juste que je ne réalise que j'avais un gilet de sauvetage.

C'est depuis ce jour que j'ai compris que certaines batailles doivent se mener jusqu'à la victoire, alors que d'autres sont simplement remportées par capitulation.

Jacob était certainement parvenu à cette conclusion ; car c'est à l'issue de sa lutte avec Dieu que le nom d'Israël lui fut donné. Genèse 33 : 24-29

« Jacob demeura seul. Alors un homme lutta avec lui jusqu'au lever de l'aurore. Voyant qu'il ne pouvait pas le vaincre, cet homme le frappa à l'emboiture de la hanche ; et l'emboiture de la hanche de Jacob se démit pendant qu'il luttait avec lui. Il dit : laisse-moi aller, car l'aurore se lève. Et Jacob répondit : je ne te laisserai point aller, que tu m'aies béni. Il lui dit : quel est ton nom ? Et il répondit : Jacob. Il dit encore : ton nom ne sera plus Jacob, mais Israël ; car tu as lutté avec Dieu et avec des hommes, et tu as été vainqueur. »

Comment est-ce qu'un homme peut-il combattre contre Dieu et le vaincre?

Qu'un homme soit vainqueur d'un autre homme, cela est logique vu que les deux partagent une même nature. Mais Dieu, Lui, est omnipotent; en tout et pour tout sa force est supérieure à celle de l'homme. Il est d'office gagnant face à l'homme, et du reste il ne peut y avoir de lutte entre eux car c'est la loi du plus fort qui prévaut sur celle du plus faible. Comment comprendre alors que Jacob ait lutté toute la nuit et qu'à la fin, il soit même déclaré vainqueur de Dieu ?

Cette bataille entre Jacob et Dieu est une grande école sur le brisement. Le brisement dont nous parlons n'est pas seulement synonyme d'une action de briser ou casser mais comme le révèle Jérémie 31:28 « *Et comme j'ai veillé sur eux pour arracher, abattre, détruire et faire du mal, ainsi je veillerai sur eux pour bâtir et pour planter* », il est l'action que Dieu entreprend dans la vie d'une personne voire de celle d'un peuple surtout dans le but de bâtir.

C'est pour nous transformer et nous rendre meilleurs. Il y a plusieurs textes qui en parlent mais nous nous focaliserons sur celui de Genèse 33, afin d'en déduire quelques étapes importantes dans le brisement. Nous signalons que notre liste n'est pas exhaustive.

1. La solitude :

La portion de texte que nous avons citée commence par « *Jacob demeura seul* ». A l'ère de l'internet, le monde se mue en village planétaire. Il y a un panel d'informations qui circulent. Vu que les sources d'informations extérieures sont supérieures à celles intérieures, notre voix intérieure est en sourdine, et on se perd dans ce vacarme. D'autres vont même jusqu'à avoir peur d'être seuls, car c'est dans de pareils moments que nos craintes et nos incertitudes sont vues à leurs justes proportions. C'est ainsi que certains redoutent le noir, car déjà ils réalisent combien il fait noir dans leur être intérieur.

Le brisement est une étape que nous passons seuls. Malgré tout l'amour qu'un père peut avoir pour son fils, il ne peut le soustraire à la vaccination parce que cela est vital pour sa santé. Même si celui-ci pleure, le père ne pourra qu'encourager sa vaccination. Il devra donc l'affronter seul. Il en est autant des moments où l'on doit faire face à sa propre découverte de soi.

2. La bataille :

Pendant son moment de solitude, Jacob lutta toute la nuit avec un homme sans le vaincre ni se laisser vaincre. Cet homme choisit délibérément de mettre fin au combat en frappant Jacob à un endroit inattendu vu que celui-ci s'avérait indomptable. En le faisant, il prit avantage sur Jacob. De fois, Dieu emploie des moyens peu conventionnels envers nous quand notre volonté s'endurcit pour ne pas se soumettre à la sienne.

Lorsque Jacob reçut ce coup, il arrêta directement de riposter, de rendre des coups. Il arrêta automatiquement de vouloir rivaliser, comme si cela lui avait fait réaliser son vrai besoin.

Effectivement, le brisement nous met en face de nous-même. De ce fait, nous devenons capables de réévaluer nos vraies motivations.

3. L'attachement à Dieu :

Après la bataille, Dieu dit à Jacob de le laisser s'en aller. Cela sous-entend que Jacob l'avait retenu en s'agrippant à lui pour l'empêcher de partir. C'est exactement cela, parce que Jacob l'exprime par ces mots : « *Je ne te laisserai point aller...* ».

Jacob s'était tellement attaché à Dieu pour ne plus le relâcher. C'est à ce niveau qu'arrivent généralement ceux qui ont été brisés. Ils ont tellement été cassés qu'ils peuvent dire comme Pierre à Jésus: « *A qui irions-nous, tu as les paroles de la vie* ». Jean 6 :69

On peut reconnaître qu'un homme est brisé par son degré d'attachement à Dieu. La douleur générée par le brisement ne peut être réparée que par Dieu lui-même. C'est l'une des raisons qui font qu'on s'attache à lui.

4. Face à nous même :

Une fois seul et brisé face à Dieu, c'est-à-dire vaincu par lui ; nous commençons à réaliser qui nous sommes et quelles sont nos véritables motivations, les indicateurs de notre réussite.

Dieu pose la question à Jacob: « *quel est ton nom ?* », le mettant ainsi face à lui-même. Jacob était en fuite parce qu'il avait usurpé la bénédiction d'Esaü son frère. Quelques temps auparavant, à la question : « *Qui es-tu, mon fils?* » posée par son père Isaac dans Genèse 27 :18, il répondit : « *Je suis Esaü, ton fils ainé* ». Cette réponse lui permit d'usurper la bénédiction, ce qui mit son frère en rage au point qu'il décida de le tuer.

Pour fuir sa colère, Jacob se réfugia chez son oncle Laban qui ne voulait plus le laisser partir. Il sut néanmoins se retirer de là par un stratagème qui le permit de s'en aller riche, père et mari.

C'est donc ce Jacob là que l'ange rencontra : un menteur, un usurpateur, un fuyard; mais une fois brisé par l'ange, la question lui posée par son père, jadis, lui fut de nouveau posée. Mais cette fois, c'est un Jacob qui a déjà été vaincu et brisé qui répond: « Jacob! » Cette fois-ci, il ne répond pas comme il le fit à son père. Il reconnaît sa véritable identité, ce qui est un premier pas vers la réception de la nouvelle identité, celle prévue par Dieu. Lorsqu'on ne sait pas cerner qui l'on est, on ne saura pas non plus réaliser qui l'on peut devenir.

Par ailleurs, le nom est une partie de l'identité de l'homme, de ce qu'il est, de comment il se définit. C'est de cette façon là que face à lui même, Dieu lui fait réaliser deux choses : son identité c'est-à-dire ce qu'il était et ses véritables besoins.

Remarquez avec moi que Jacob demande une bénédiction, alors que dans les chapitres précédents, il est mentionné qu'il sortit béni et riche de la maison de Laban.

En demandant ainsi la bénédiction, que voulait-il donc recevoir de plus? Il avait des biens multiples et variés, des femmes et des enfants en grand nombre. Quel genre de bénédiction voulait-il ?

Quand il formule cette demande d'obtenir une bénédiction, il est déjà vaincu. Fidèle à sa promesse de ne pas briser le roseau cassé, Dieu ne lui assigne pas un autre coup mais lui donne une nouvelle identité, un nouveau nom. En fait, c'était donc cela le vrai objet de sa demande. Il soupirait après une vie transformée.

Car, la plus grande des bénédictions n'est pas dans l'accumulation des avoirs mais dans la transformation de l'être.

C'est pourquoi Dieu lui dit : « *Désormais on t'appellera Israël* ».

Dieu n'est pas plus intéressé par nos avoirs que par l'état de notre être, parce que quand celui-ci lui appartient, nos avoirs suivent d'office.

A la fin de ce long périple, Jacob fut déclaré vainqueur de Dieu. Il gagna la partie en se soumettant. Avec Dieu, on gagne en se laissant gagner.

*L'élément de notre victoire sur Dieu n'est rien d'autre que notre soumission à Lui.
Lorsque nous nous soumettons à Lui et que nous n'avons plus de volonté propre, c'est alors que nous découvrons notre véritable liberté.*

Dieu n'utilise que les hommes qu'il a brisés, car avant le brisement nous sommes pleins de nous-même; nous sommes remplis de nous. Mais une fois brisés, nous sommes relégués au second plan pour que Lui, Dieu, soit au premier plan. Ceux qui sont passés par le brisement finissent par s'offrir comme des dons : « *il prit le pain, le rompit (brisa) puis le donna... (Marc 14:22)*». Avant que le pain ne soit un don il a été brisé,

avant d'être un don pour les autres, nous devons être brisés entre les mains de Dieu.

Dans les ténèbres, nous devons capituler devant Dieu, être flexible et malléable entre ses mains afin que le meilleur de nous puisse apparaître, car l'homme a été crée bon mais il a été corrompu par le péché. D'où, de part une simple naissance physique, nous recevons la nature adamique. Accepter Jésus comme Seigneur et Sauveur nous introduit dans la famille de Dieu mais cela ne supprime pas automatiquement la nature adamique en nous, comme l'illustre l'apôtre Paul dans Romains 7 :7-24. La nouvelle naissance nous apporte la nature du Christ sans nous débarrasser du vieil homme. Mais grâce à Dieu, par le brisement, nous pouvons nous en débarrasser et regagner notre vraie nature, celle là même que Jésus était venu restaurer.

Nous courrons donc dans le but de lui ressembler, devenir comme lui. Pour ce faire, nous devons nous débarrasser de notre vieil homme, de nos mauvaises motivations. Cela passe nécessairement par un processus rigide dont le but est d'extraire le meilleur de nous, un processus semblable à celui qui purifie l'or par le feu.

Prions ensemble :

Seigneur, pour chaque année je formule plusieurs objectifs entre autres réussir ce que j'entreprends ; être heureux et en bonne santé ; rendre heureux tous ceux qui m'entourent et surtout te servir.

Aujourd'hui à la lumière de ta parole, j'ai réalisé que ta volonté parfaite pour ma vie est que je devienne comme Toi.

J'en fais mon objectif : je veux devenir comme Toi

Ainsi, attire-moi à Toi, fais-moi aimer ta présence ; rends-moi capable de m'exposer à Toi, afin que tu imposes en moi ta vie.

Seigneur, se soumettre à quelqu'un c'est croire qu'il est capable de prendre les meilleures décisions pour soi. Et je sais que ce que tu veux, c'est que je devienne comme Toi. Père, que ta volonté soit faite et que le meilleur en moi, cette partie de Toi que je porte, soit vue pour ta gloire.

C'est au nom de Jésus que j'ai prié, amen !

CHAPITRE IV

COMME L'OR ÉPROUVÉ
PAR LE FEU

L'or est un métal précieux, très recherché et prisé sous ses différentes formes : parures, élément chimique, symbolisme, pièce de monnaie, etc. ; et cela, depuis l'aube des temps.

En effet, dans de nombreuses civilisations l'or est un signe de richesse et se rattache à la divinité. Sa quasi-inaltérabilité dans le temps et sa couleur jaune évoquant le soleil confirme cela. D'ailleurs, le mot or vient du latin « aurum » qui signifie « aurore ».

Du masque d'or de 11 kg retrouvé dans le tombeau du pharaon Toutankhamon à la statue d'or de Bouddha de Bangkok, en passant par le veau d'or décrit dans la Torah juive ainsi que de nombreux objets d'or du temple de Salomon, c'est plausible que l'or se rattache au divin.

Pourtant, cet or dont l'éclat nous a toujours charmés n'est pas ordinairement pur. Lors de son extraction, il se trouve dans un état de mélange avec d'autres métaux. C'est suite à un processus de réchauffement à haute température appelé « exposition chimique » qu'il perd ses impuretés et rayonne tel que nous le connaissons. C'est donc le feu qui débarrasse l'or de ses impuretés. Plus le feu est important, plus l'or est purifié et devient brillant.

« Il sait néanmoins quelle voie j'ai suivi et s'il m'éprouvait, je sortirai pur comme l'or » Job 23 : 10

Dans cette phrase, Job assimile les épreuves auxquelles Dieu nous soumet au processus de la purification de l'or : au feu. Une épreuve ou un test est un moyen par lequel on mesure la résistance, la qualité, l'authenticité d'un objet ou d'un processus.

Plusieurs processus dans la vie requièrent justement une épreuve pour valider leur viabilité. L'épreuve permet d'attester l'aptitude d'une personne quant à passer au niveau suivant de son cursus. Chaque fin d'année académique est sanctionnée par une évaluation ; pour obtenir son permis de conduire, on se soumet à des épreuves ; pour gagner des médailles olympiques, il y a bien d'épreuves ; pour être élu à la tête de certaines nations, les candidats passent par l'épreuve d'un suffrage.

Les épreuves ne sont pas considérées seulement comme un moyen de mesurer notre endurance, mais aussi comme une occasion de démontrer et d'appliquer les différentes compétences acquises et comprises. Parce qu'au-delà de la qualification pour le niveau prochain, les épreuves attestent que nous avons assimilé les connaissances du niveau présent.

C'est dans cette optique que Dieu de même nous soumet aux épreuves à des moments précis de notre vie, non pas pour nous détruire mais pour nous rendre meilleurs. Dieu n'est pas un sadique ; il ne se délecte pas de nos souffrances et douleurs, bien au contraire il est tellement acquis à notre cause qu'à chaque fois que nous avons le cœur brisé, Il est de notre côté (Psaumes 34).

En dépit de tout l'amour que Dieu a pour nous, Il ne peut pas nous soustraire aux épreuves du fait du caractère incontournable qu'ont certaines étapes de la vie. Autrement dit, il y a certaines étapes de la vie dont l'accès et la sortie ne se négocient que par certaines épreuves ; cela implique que Dieu devrait pour cela s'assurer de notre évaluation pour la prochaine étape.

Comme le feu épure l'or, nous devons aussi être débarrassés de toutes scories et racailles afin d'accéder à l'étape suivante.

La course à relai est une épreuve commune pour plusieurs sprinteurs. Lorsque l'un assume bien ses responsabilités, il accorde ainsi aux autres l'opportunité d'exceller à leur tour. Les épreuves auxquelles Dieu nous soumet sont particulières et singulières. Certes, mais leurs bénéfices profitent à plusieurs.

Dans la marche avec Dieu, il ya des défis collectifs comme l'épreuve du désert des israélites. Toutefois même lors des épreuves collectives, chacun doit affronter ses épreuves personnelles.

Les épreuves nous élèvent à une meilleure compréhension de nous-mêmes, de Dieu et du monde autour de nous. Elles nous permettent d'ôter le voile sur nos paradigmes et d'avancer dans les eaux profondes.

La finalité des épreuves est de nous rendre : authentique, endurant, meilleur et semblable à Dieu.

Toutes les personnes éprouvées se ressemblent alors que chacun vit son épreuve à sa manière ; comme qui dirait que toutes les personnes brulées ont des cicatrices, alors chacun a vécu sa brûlure de façon propre.

Les épreuves nous rendent meilleurs grâce aux leçons qu'elles nous procurent et aux tares dont elles nous débarrassent. C'est reconnu universellement que la souffrance est un excellent pédagogue.

Les épreuves accroissent notre valeur ajoutée. L'or brut n'a pas la même valeur que l'or raffiné. Le second a un coût plus élevé du fait de son amélioration. C'est pareil pour nous, car à l'issue des épreuves nous acquérons une valeur ajoutée, nous devons plus utiles.

Les épreuves ont le devoir de nous rendre semblables à Dieu. A la question de savoir comment reconnaissait-il que l'or qu'il travaillait était devenu pur, un orfèvre a répondu qu'il le sait quand il arrive à voir son reflet au travers de celui-ci. Les épreuves doivent nous rendre un peu comme Christ ; elles sont là pour édifier le caractère de Christ en nous et nous rendre capable de refléter son image. Nous devons être comme un miroir de telle sorte que nous lui renvoyons son propre reflet.

Toute notre vie est une quête portant sur qui Dieu est. Les épreuves sont donc un type de pédagogue qu'Il utilise pour mieux nous enseigner sur ce qu'Il est en nous inculquant des valeurs et notions sur ce que nous devons être. Voilà pourquoi l'attitude idéale pendant les épreuves est celle de se concentrer sur la personne de Dieu afin de le refléter.

Dieu a besoin de nous pour un partenariat. Aussi, les épreuves ont pour but de révéler les vertus divines en nous.

Nous sommes plusieurs fois revenus sur Dieu comme auteur des épreuves, parce qu'effectivement chaque fois qu'il y a épreuve, Dieu est derrière. Le diable ne peut être l'auteur de nos épreuves. Il n'a ni à nous enseigner, ni à nous éprouver. Nous n'avons plus rien à lui démontrer, parce que les historiens et les archéologues ont attesté la certitude du vide du tombeau de Jésus.

Par contre, le diable est à l'origine de nos tentations. La nuance entre épreuves et tentations devient claire comme l'eau de roche quand nous rentrons dans l'étymologie grecque de ces mots.

Le mot « épreuve » correspond à « dokimè » dans la version grecque de la Bible. Il traduit ce qui agit sur une personne pour démontrer la réalité de certaines qualités telles que l'obéissance (2 Corinthiens 2 :9), le service (Philippiens 2 :22); tandis que « tentation » du grec « peirasmos » a aussi le sens d'épreuve, mais non pas dans le but de démontrer la qualité de l'objet éprouvé mais de le prendre à défaut. Il est, par exemple, utilisé pour l'épreuve que Satan va faire subir aux croyants de Smyrne en jetant quelques-uns d'entre eux en prison.

Dieu peut se servir du diable comme dans le cas de Job. Cependant, Dieu reste le seul auteur des épreuves, parce qu'en nous éprouvant c'est notre qualité qu'il vise ressortir et non nos défaillances. Les épreuves sont ainsi certaines, mais elles ne s'annoncent généralement pas avant le temps. C'est lorsqu'on y est déjà qu'on s'en rend compte.

Dieu soumet toute personne à l'épreuve de la foi et de la responsabilité.

Il ne voudra jamais être responsable de notre échec. C'est donc à nous de nous s'y prendre dans la façon dont nous réagissons, pendant et à l'issue des épreuves.

Autant il ne peut y avoir de victoire sans bataille, de même il ne peut y avoir de la patience sans attente. Les épreuves constituent un environnement propice qui nous permet de manifester ce qu'il y a en nous.

Il y en a plusieurs mais nous allons seulement nous focaliser sur quelques unes:

1. Epreuve du désert

Pendant quarante ans, les enfants d'Israël ont erré dans le désert. Nous ne l'aurons pas assez répété,

COMME L'OR EPROUVE PAR LE FEU

l'épreuve est toujours une initiative de Dieu.

Avant d'aller plus loin, nous voulons établir le postulat selon lequel, Dieu nous reconnaît capable de nous en sortir des épreuves. C'est la raison pour laquelle Il nous y soumet.

Nous sous-entendons par désert une étape, un moment où on se retrouve sans ressource, sans aide pour nous soutenir. Lors de ces moments, tout ce que nous entreprenons souffre de stérilité. Entreprenant plusieurs choses sans résultat concret, on survit, on fait le surplace, puis on tourne en rond. On se pose des questions de savoir : Dieu est-Il avec nous ? Avions-nous pris la bonne décision ?

On commence à tout remettre en cause. Certains vont même jusqu'à chasser différents démons de « blocage », démons qui soi-disant nous empêchent de vivre le bonheur dans tel ou tel autre domaine. Les démons existent, je le sais et d'ailleurs je les chasse; mais j'ai comme l'impression que nous avons été déformés au point de voir le diable derrière toute épreuve au lieu de percevoir Dieu à travers leurs sombres nuages!

Nous sommes devenus plus conscients du diable que de Dieu, plus conscients des démons que des anges!

Dans le désert, notre voix crie fort. C'est ainsi que Jésus eut faim dans le désert parce que son humanité s'exprimait.

C'est lorsque nous sommes dans un milieu de pénurie que nos vrais besoins s'amplifient car nous en prenons conscience.

J'incite toujours ma nièce à prendre des fruits après le repas mais elle ne le fait jamais. Exaspéré par son comportement, je décidai de ne plus acheter des fruits. C'est ainsi qu'elle se rendit compte de son besoin alors qu'il y en avait plus.

Cela se passe ainsi chez les humains; c'est lorsque qu'ils n'ont plus rien qu'ils arrivent à réaliser le vrai besoin de la chose. C'est donc lorsque ce besoin devient de plus en plus criant que vous voyez les gens se compromettre, voler, faire de faux papiers, etc.

Dans le désert, on écoute aussi distinctement la voix du diable qui profite de ce moment de vulnérabilité pour nous leurrer afin de causer notre perte.

Et enfin dans le désert, la voix de Dieu devient beaucoup plus claire et précise.

Dieu nous amène souvent dans un lieu sans vie pour être le seul à vivre en nous. C'est lorsqu'il passait par des moments de sécheresse que David composa la plus part de ses psaumes, y compris la période pendant laquelle son fils Absalom le destitua.

Quand autour de nous tout est désert, le Dieu que nous avons en nous demeure productif. Seule la personne qui peut trouver la vie dans le désert sait y découvrir les trésors cachés.

Celui qui peut trouver Dieu en lui,
alors qu'il est dans le désert a trouvé son oasis.
Le désert devient, de ce fait, un pédagogue
et une source de témoignage.

2. Epreuve du temps

Les hommes n'évoluent pas toujours dans les mêmes conditions. Il y a des différences de saisons, de relief, de végétation, etc., mais il n'y en a jamais dans le contenu du temps. Le temps est la denrée commune des hommes.

Nous disposons tous de vingt-quatre heures, que l'on soit en Amérique, Europe, Asie, Afrique ou en Australie ; riches ou pauvres, génies ou idiots, tous nous vivons sous le même régime du temps. Ceux qui réalisent beaucoup d'exploits n'ont pas plus de temps que les autres ; pareil pour ceux qui traînent les pas. Il est donc normal que le temps représente un outil important pour l'épreuve.

L'épreuve du temps est souvent révélatrice de ce que nous sommes en réalité. Ce n'est pas quand elle devient papillon que la chenille est parfaite, parce que la larve l'était déjà mais à un stade inférieur.

L'épreuve du temps nous apprend à vivre dans le présent tout en croyant au futur. C'est grâce à l'épreuve du temps qu'on devient si conscient que même jeté dans un puits, on est toujours porteur du rêve des onze étoiles, du soleil et de la lune qui se prosterne devant nous, à l'instar de Joseph le fils de Jacob.

L'épreuve du temps permet de dévoiler notre vraie nature en Christ.

Jésus fut le même à l'âge de 12 ans ainsi qu'à 30 ans. Le temps n'avait juste que fait son travail en le conduisant vers la maturité. En réalité, le test du temps est aussi celui de la maturité ; celui au moyen duquel, nous sommes jugés matures.

Tous ceux à qui Dieu a fait, ne serait-ce qu'une promesse, sont d'office candidats à l'épreuve du temps. Entre le moment où Dieu leur fait la promesse et le moment où cette promesse doit se réaliser, il faut qu'ils apprennent à attendre. Ce moment d'attente est un moment pendant lequel Dieu les prépare à vivre l'accomplissement de sa promesse et s'assure que leurs cœurs s'attachent à Lui indépendamment de ce qu'il leur a promis. Ce fut le cas de notre Père Abraham qui dût attendre vingt-cinq ans entre la promesse et son accomplissement. Et une fois l'accomplissement arrivé, il n'hésita pas, comme dans un élan d'incrédulité, à le sacrifier pourvu de garder Dieu. Car Dieu était devenu dans son plus grand bien.

3. Epreuve de la solitude

Vous êtes peut être en train de vous demander pourquoi parler de la solitude alors qu'on vient déjà de parler du désert, qui est une épreuve de solitude avec Dieu. Votre interrogation est justifiée, cependant les deux ne représentent pas exactement la même chose.

Dans le désert, nous nous retrouvons seuls, sans personne pour nous secourir. Mais dans l'épreuve de la solitude, quoique nous soyions entourés du monde, nous sommes bien seuls. Nous sommes à côté des amis à qui parler, des coachs, des mentors mais on ressent quand même cette solitude qu'on ne parvient pas à expliquer.

Souvent, on culpabilise et commence à se reprocher cette solitude que notre entourage n'arrive pas à identifier. Cela est souvent le cas pour ceux qui occupent des positions d'influence, voire les meneurs d'organisation.

Dans le livre de Genèse 1 et 2, on voit Adam qui était entouré d'animaux, jouissant même de la présence de Dieu éprouver cette solitude. Car Dieu dit : il n'est pas bon que l'homme soit seul alors que celui-ci était avec Dieu.

Au travers de cette épreuve, nous sommes amenés à nous découvrir nous-même autant qu'à découvrir Dieu.

Celui qui ne supporte pas la solitude ne saurait supporter sa propre compagnie. C'est vers cela que tend cette épreuve, nous apprendre à vivre avec nous même.

4. Epreuve de la persévérance et de la patience

Nous avons délibérément choisi de parler de ces deux épreuves réunies pour réfuter certaines théories sur la patience.

En effet, la patience n'est pas une attitude passive, une abdication ou un abandon mais plutôt une attitude active se projetant dans le futur.

Attendre, c'est croire que ce que je cherche existe et que je finirai par l'obtenir un jour. La patience rime avec la promesse. Dieu, dans la plupart des cas donne aux hommes des promesses qui bien souvent se réalisent dans des délais relativement fixés. Ceci pour dire que souvent Dieu lui-même nous exhorte à attendre.

La patience est l'épreuve par laquelle Dieu épure nos motivations et teste notre niveau de persévérance. Il ne faut seulement pas attendre mais également attendre avec persévérance tout en s'améliorant jusqu'à ce que la promesse devienne palpable.

Voila de façon sommaire les quelques épreuves que nous avons pu réunir dans notre étude.

Frank Damazio, dans son livre « The Making of a Leader » cite plusieurs autres épreuves par lesquelles Dieu fait passer un homme qu'il prépare à de grandes choses, entre autres : l'épreuve de l'incompréhension, de la patience, de la vision, de la promotion, de la frustration, du caractère, du découragement, etc.

Pendant nos épreuves, lorsque nous sommes plongés dans nos ténèbres, ayons la certitude de la transformation que nous subirons ; non seulement dans notre façon de voir Dieu mais aussi sur notre propre perception, parce que Dieu ne peut pas nous donner une meilleure compréhension de lui sans nous en donner une meilleure de nous-même.

Dans ce processus d'épuration semblable à celui de l'or par le feu, le Seigneur, comme vu précédemment, nous soumet à plusieurs types d'épreuves. Mais il y en a une qui est aussi bien singulière qu'incontournable, une qui traduit au mieux ce dicton : « Dieu se sert des hommes pour bâtir des hommes ».

Il est vrai que tous ceux que Dieu a placés autour de nous peuvent nous influencer à devenir meilleurs, mais il n'y a pas une plus grande influence que celle de ceux qui sont au-dessus de nous : Épreuve du leadership !

CHAPITRE V

EPREUVE DU LEADERSHIP
(PROVERBES D'AGUR, FILS DE YAKE)

Le livre de proverbes est très réputé pour la sagesse qu'il contient. En lisant plusieurs de ces extraits, nous avons la certitude de l'identité de son auteur : Proverbes 1:1 « Proverbes de Salomon, fils de David, *roi d'Israël* » ; Proverbes 10:1 « *Proverbes de Salomon...* »; Proverbes 25:1 « *voici encore des proverbes de Salomon...* ». Salomon est de toute évidence l'auteur de ce livre.

D'ailleurs, d'autres passages de la Bible font étalage de la grande sagesse de Salomon : « *La sagesse de Salomon surpassait la sagesse de tous les fils de l'orient et toute la sagesse des égyptiens. Il était plus sage qu'aucun homme, plus qu'Ethan, l'Ezrachite, plus qu'Héman, Calcol et Darda, les fils de Machol ; et sa renommée était répandue parmi toutes les nations d'alentour. Il a prononcé trois mille sentences, et composé mille cinq cantiques* ». 1 Rois 4, 30-32

Ce n'est donc pas étonnant que l'écriture du livre des proverbes lui soit attribuée. Toutefois, un lecteur attentionné de ce livre ne manquera pas de remarquer la particularité de l'introduction du chapitre 30. Alors que dans les chapitres précédents les proverbes étaient clairement attribués à Salomon, dans celui-ci il s'agit « des proverbes d'Agur fils de Yake (verset 1) ». Qui serait donc Agur ? Serait-ce un co-auteur de ce livre ? Serait-ce l'un des assistants du roi Salomon ou qui d'autre?

Certains auteurs, surtout ceux du courant occidental, disent que le livre de Proverbes a plusieurs auteurs dont Agur. Mais le courant oriental dont fait partie la tradition juive soutient que Salomon a tout écrit seul. Ainsi selon eux, Agur n'est pas un autre auteur du livre des proverbes mais ce n'est qu'un caractère descriptif du roi Salomon. Ils vont plus loin en disant que pour comprendre l'introduction du chapitre 30, il faut rentrer dans l'étymologie du mot Agur et même Yake.

Agur veut dire «celui qui rassemble » tandis que Yake veut dire « celui qui vomit ». Agur serait donc un surnom, un caractère descriptif de Salomon alors que Yake désignerait David. La traduction de la Bible en latin appelée « Vulgate » a choisi de traduire cette introduction littéralement, certainement par influence juive: « *Verba congregantis filii vomentis: visio, quam locutus est sir, cum quo est Deus, et qui Deo secum morante confortatus, ait* ». Ce qui donne en français: "*Paroles de celui qui collecte, fils de celui qui vomit: vision de l'homme qui a Dieu avec lui, et qui est fortifié par le fait que Dieu habite avec lui*".

Vu de cette façon, Salomon serait donc dans ce chapitre en train de donner un autre secret de sa sagesse et même de sa grandeur.

On nous a toujours enseigné que la grande sagesse de Salomon a été acquise à Gabaon lorsque l'Eternel lui apparut en songe en lui donnant un chèque en blanc : « *Demande ce que tu veux que je te donne* » 1Rois 3 ; 4.

Cela est totalement vrai, c'est Dieu qui donne la sagesse. Et Dieu a donné à Salomon la sagesse pour savoir canaliser toutes les connaissances acquises et apprises de diverses sources entre autre de Yake. D'où, la force de l'image « Proverbes de celui qui rassemble, fils de celui qui vomit ». Que veut nous dire Salomon par-là ?

Salomon nous montre que l'autre source de sa sagesse était celle de savoir rester aux pieds de son père. Quand celui-ci vomissait la sagesse par exemple dans 1 Rois 2: 1-9 «... *Observe les commandements de l'Eternel ton Dieu en marchant dans ses voies et en gardant ses lois, ses ordonnances, ses jugements et ses préceptes...*», Salomon la rassemblait afin de mieux l'utiliser au moment opportun. La portion de 2 Chroniques 6: 1- 42 exprime cette même notion. Salomon y fait référence plusieurs fois à David « son » père. On voit par là, la place qu'il accorde à tous les enseignements reçus de son père. Les enseignements qu'il a reçus de son père ont donc grandement contribué à façonner le grand roi qu'il est devenu. Salomon a appris aux pieds de David.

Peu importe la grandeur déjà inscrite en nous avant la fondation du monde, il y a de ces choses que l'on n'apprendra pas forcément par révélation divine mais par initiation, c'est-à-dire par un intermédiaire humain.

Le livre des Actes des Apôtres nous le montre de plusieurs manières. Nous voyons au tout début de ce livre qu'avant même la descente de la puissance de l'Esprit, les disciples étaient aux pieds de Jésus pendant quarante jours, se laissant enseigner sur le Royaume. Ils ont dû apprendre aux pieds de quelqu'un.

Dans Actes 9, on voit comment l'Apôtre Paul rencontre le Seigneur sur le chemin de Damas. Le Seigneur lui-même lui parle, le renverse de son cheval et celui-ci se convertit. Mais la question que je me pose est celle-ci : « Pourquoi le Seigneur a-t-il permis qu'un homme du nom d'Ananias prenne le relai en ce qui concerne sa formation ? Le Seigneur qui lui est apparu sur le chemin de Damas et qui lui a parlé, ne pouvait-il pas lui-même continuer à l'enseigner de manière directe ?

Le Seigneur voulait certainement que dès le début de sa foi, Paul apprenne l'importance du leadership humain, du mentoring ou même du coaching, voire même dans le milieu ecclésiastique. Car il y a des choses que Dieu ne nous dira jamais directement. Il faudra nécessairement les apprendre aux pieds de quelqu'un. Il faudra apprendre à faire comme Salomon : « Rassembler la sagesse que le père vomit ».

Le texte d'Actes chapitre 18 l'illustre de plus belle manière (je vous recommande de faire une lecture de tout le chapitre). Il s'agit de Paul, l'apôtre qui arrive à Corinthe, et là il rencontre un couple de Juifs. La Bible dit qu'il se lia avec eux ; et comme il avait le même métier, il demeura chez eux et travailla (verset 3). A Corinthe, Paul accomplit un travail formidable et plusieurs crurent au Seigneur Jésus. La Bible dit qu'il y demeura une année et six mois. Dix-huit mois! Dix-huit mois durant lesquels il demeura chez Priscille et Aquila.

J'imagine le privilège unique que ce couple avait de loger l'homme qui a le plus influencé l'histoire du christianisme (A l'exception de Jésus). La tradition dit que Priscille et Aquila ont été pendant presque deux ans coachés par Paul qui leur a exposé la voie du Seigneur de manière quasi-complète. Ils n'ont pas dérogé à la règle, apprenant pendant presque deux années aux pieds de quelqu'un.

L'impact de leur apprentissage aux pieds de Paul se fit voir quelques temps après le départ de celui-ci. Toujours au même chapitre vers le verset 26, la Bible parlant d'Apollos, un fervent orateur, un homme éloquent et versé dans les Ecritures, qui lui aussi passait par Corinthe, quelques temps après Paul, dit : « Il se mit à parler avec assurance dans la synagogue. Après l'avoir entendu, Priscille et Aquila le prirent avec eux et lui exposèrent plus exactement la voie de Dieu ».

Il est dit dans le verset qui précède qu'Apollos ne connaissait que le baptême de Jean, ce qui sous-entend qu'il ne connaissait pas le baptême du Saint-Esprit. Heureusement pour lui, Priscille et Aquila qui sont passés par dix-huit mois de formation aux pieds de Paul, étaient parmi ses auditeurs. Après l'avoir entendu, ils constatèrent ses lacunes et l'aidèrent parce qu'avant cela, eux-mêmes se furent aidés par Paul.

Voyez-vous, il y a un temps pour tout. Un temps pour être assis et apprendre, et un autre pour être debout et enseigner. Lorsqu'on est passé par une bonne école, on a un meilleur jugement de la vie.

Une autre preuve biblique que c'est grâce à Paul que Priscille et Aquila ont eu une bonne base doctrinale se trouve dans le chapitre 19 du livre des Actes qui décrit Paul interrogeant les disciples venus d'Ephèse s'ils avaient reçu le Saint-Esprit lors de leur conversion au Seigneur. Et ceux-ci ne connaissaient de même que le baptême de Jean. Ce fut ainsi Paul priant pour eux, ils furent baptisés dans le Saint-Esprit. On sent que le même flair qu'avaient Priscille et Aquila à ce sujet, Paul l'avait aussi. Les élèves ont fini par ressembler au maître.

Dans ce processus qui mène vers la grandeur, les ténèbres de Dieu, Dieu lui-même s'assure de nous faire passer aux pieds de quelqu'un, un leader, un père spirituel, un coach, un mentor afin de nous forger, afin de nous apprendre ce qu'il faut faire mais aussi ce qu'il ne faut pas faire.

Il y a une maxime qui dit :

« si vous voulez voir plus loin que ce que vous voyez, monter sur les épaules de quelqu'un ».

La vie est donc une course à relai; lorsque ceux de la génération sortante ont achevé la leur, ils passent le bâton de relai à ceux de la suivante. C'est même de cette façon que l'histoire ancienne nous est parvenue ; les anciens se rassuraient de transmettre le savoir de leur héritage terrestre, ce qu'ils avaient emmagasiné durant leur vie de pèlerin, autour d'un feu. C'est ainsi que les anciens récits nous sont parvenus et que nous connaissons l'histoire de nos ancêtres.

Nous n'aurions pas pu le connaître par nous-mêmes tout seuls. En précisant que « rien n'est nouveau sous le soleil », le sage, l'ecclésiaste nous fait réfléchir et nous pousse à reconsidérer les expériences de ceux qui nous ont précédés.

Nous n'avons pas à vivre les mêmes réalités ; ceux qui nous ont précédés ont couru leur course et nous n'avons pas à refaire le parcours qu'ils ont fait. Les ténèbres dans lesquelles nous nous trouvons aujourd'hui, quelqu'un d'autre s'y est déjà trouvé. Il relève donc de notre responsabilité de repérer ces personnes pour bénéficier de leurs expériences en leur posant de bonnes questions.

Bien des personnes nous environnent avec des expériences bénies et enrichissantes mais que nous ne savons pas tirer profit de cela. Nous n'en profitons pas parce que nous ne savons formuler des questions justes. Nous voulons et sommes intéressés par les épopées de leurs aventures, les prouesses de leur accomplissement ainsi que les trophées de leur réalisation tout en ignorant comment ils y sont arrivés, la motivation et la discipline dont ils ont fait preuve.

Au sujet de Salomon, nous pensons tous que c'est lorsqu'il était au contact avec Dieu et qu'il avait formulé sa fameuse requête « donne-moi la sagesse» que la semence de tout ce qu'il a écrit lui fut communiquée à ce moment-là. C'est quand Dieu lui dit que je t'accorde ta requête qu'il a automatiquement eu la capacité spirituelle et mentale de disposer de l'inspiration comme par illumination faisant qu'il pouvait avec le temps écrire les livres de proverbes, ecclésiastes, cantique des cantiques, et d'autres œuvres littéraires.

Mais qu'est-ce que donc la sagesse sinon la capacité d'utiliser nos connaissances à bon escient. Tout ne lui est pas parvenu d'un coup ce soir-là ; la sagesse qui lui fut donnée lui rendit capable et permit de savoir agencer toutes les connaissances dont il disposait jusque-là et celles qu'il allait apprendre.

Salomon avait donc beaucoup appris de son père David. La Bible dit : « *J'étais un fils pour mon père, un fils tendre et unique auprès de ma mère. Il m'instruisait alors,* et il me disait : *que ton cœur retienne mes paroles ; observes mes préceptes et tu vivras. Acquiers la sagesse, acquiers l'intelligence...* » Proverbes 4 : 3-5. Toutefois, elle ne nous rapporte pas tous les scénarios durant lesquels David enseignait son fils ; étaient-ce des cours magistraux ou des leçons sous forme d'histoires contées dispensées avant de s'endormir, nous n'en savons pas grand-chose.

Apprendre auprès d'un maître vous épargnera de rencontrer les mêmes problèmes dans le risque de commettre les mêmes erreurs, car comme le répète souvent mon pasteur, Roland Dalo « il n'y a pas de nouvelles gaffes ; il n'y a que de nouveaux gaffeurs ».

Dans la pratique : Patience et observation

Cela n'est pas chose facile que d'apprendre aux pieds d'un maitre. Il n'est pas aisé d'être oint et se contenter de la position de porteur d'armes. C'est un sentiment tout à fait légitime que de vouloir passer à un niveau supérieur.

On raconte l'histoire d'une entreprise dont le patron était réputé pour sa mauvaise foi, son antipathie et ses remarques agaçantes. Après sa retraite, son adjoint prit les rênes de l'entreprise pour une période de plus de vingt ans. Grand fut donc l'étonnement des employés de remarquer qu'il n'avait rien avoir avec le comportement de son prédécesseur, parce qu'il était fort sympathique, plein de bonne volonté, encourageant... Une fois lors d'un de ses discours, il fit de vifs éloges à son ancien patron en lui disant :

« vous étiez un maitre pour moi et vous m'avez appris tous les rouages du métier ... ». A la fin de son discours, un des employés vint le voir pour lui dire que cette phrase n'était pas franche, parce que l'ancien patron était méchant envers tout le monde, et par conséquent ne pouvait rien lui apprendre. Cet homme lui sourit et répondit : « L'enseignement se fait de diverses manières, de sorte que même les mauvais peuvent nous apprendre quelque chose telle que ne pas reproduire ce qu'ils ont été ».

Il n'est pas de notre intention de vous orienter à rechercher des maitres difficiles et mauvais pour que vous appreniez d'eux. Bien au contraire, nous vous encourageons vivement à apprendre aux pieds d'un coach, d'un mentor ou d'un père en faisant abstraction de ce qu'il est.

Vous n'avez pas à devenir un autre lui, mais à être une meilleure version de vous-même. C'est déjà chose difficile que d'être sous quelqu'un même s'il est bon, ainsi combien le serait-il que de l'être sous une de mauvais personne ?

Faites montre de patience, réjouissez-vous de vos petites victoires et surtout, observez. Cette recommandation est valable pour celui qui est au bureau avec ses supérieurs que pour celui qui est en famille avec ses ainés, et particulièrement pour celui qui évolue à l'église.

Soyez patient et observez ! Non pour reproduire ce que vous voyez, plutôt pour améliorer.

Il est aberrant de penser qu'on deviendra efficace une fois qu'on n'aura plus son leader sur le dos. La théorie de 360° de leadership de John C. Maxwell stipule que l'homme peut influencer peu importe le niveau où il se trouve.

C'est aussi là l'un des problèmes de notre génération : nous sommes trop occupés à regarder là où nous voulons aller que nous avons oublié où nous sommes. Nous voulons tellement devenir comme ceux qui nous influencent que nous oublions que le comportement qu'ils ont maintenant correspond à la position qu'ils ont maintenant. Quand ils étaient encore comme nous, comment se comportaient-ils ? C'est donc cela que nous devrons chercher à savoir.

Où en êtes-vous ainsi aujourd'hui avec votre coach, mentor, père spirituel ou ainé? Qu'attendez-vous recevoir de lui?

Prenez simplement la décision d'être le meilleur où vous êtes maintenant et vous verrez que cela vous disposera à apprendre avec joie les leçons qu'il vous enseigne ainsi que vous vous réjouirez de vos victoires en patientant jusqu'à votre heure de gloire.

CHAPITRE VI

MAKTUB

« Maktub », en arabe, veut dire: « c'était écrit, ça devait arriver ». Cela exprime une notion de destinée et de fatalité. C'est donc cette notion que les auteurs tels Malba Tahan et Paolo Coelho évoquent dans leurs ouvrages respectifs intitulés « Maktub » pour traduire la pensée selon laquelle : « Tout est écrit à l'avance ; Nous courrons vers un idéal déjà établi ».

« Car je connais les projets que j'ai formés sur vous, dit l'Eternel, projets de paix et non de malheur, afin de vous donner un avenir et de l'espérance » Jérémie 29 :11

Un projet est un ensemble d'activités finalisées et d'actions à entreprendre dans le but de répondre à un besoin défini dans des délais fixés et dans la limite de l'enveloppe budgétaire allouée. En mentionnant qu'il connaît les projets qu'il a pour nous, Dieu veut juste nous faire l'aperçu du panel d'activités déjà envisagées et d'actions à entreprendre dans des délais bien fixés qu'il a déjà établis pour nous.

Dieu est un être très versé dans la planification. Cela se constate de façon éblouissante dans l'observation de travaux combien ingénieux, qui se sont exécutés dans le chantier de la création. On y constate le respect d'un ordre bien établi sans aucun chevauchement incohérent.

Pour créer l'homme, Dieu a d'abord, pour ainsi dire, planifié pour ensuite se mettre à l'œuvre. Aussi, de la même manière qu'il a procédé partant d'un projet, puis du plan d'exécution pour façonner toute la nature qui nous entoure, autant Il assigne un projet à l'homme.

Nous ne sommes pas venus dans la vie comme des liquides devant prendre la forme des récipients qui les contiendraient. Nous sommes, au contraire, chacun porteur d'un projet afin de répondre à un besoin dans notre génération.

Tous les concepteurs des projets s'accordent pour insérer dans leur cahier de charge une rubrique-risque qui représente la probabilité de voir échouer le projet. Voilà pourquoi ayant cela en vue, Dieu lui-même sait se porter garant des projets relatifs à nos vies. C'est aussi parce que nous pouvons nous tromper lors de leur exécution que Dieu, tel un instructeur, est si disponible pour nous guider.

De ce fait, les projets de Dieu sont des projets à risque zéro ; si nous suivons le processus qu'il a établi.

1. Dieu vient de là où je vais

Il est cependant vrai que ces projets que Dieu détienne pour nous sont du ressort de notre futur, et que nous ne les connaissons pas à l'avance. C'est à mesure de notre marche avec Lui que nous les découvrons pour y avoir accès.

Dans le livre des juges chapitre 6, la Bible nous parle du célèbre héros Gédéon que Dieu, lors de leur première rencontre à appeler « vaillant héros ». Alors qu'il était le plus petit, de la plus petite famille de la plus petite tribu. Les circonstances environnantes et sociales de la vie de Gédéon allaient à l'encontre de ce que Dieu avançait comme argument sur lui.

C'est tout à fait normal de voir un imbroglio dans cette situation, alors qu'en analysant de près l'histoire de la vie de Gédéon, nous comprenons pourquoi Dieu l'avait ainsi appelé. En effet, des années plus tard, après avoir remporté plusieurs batailles, il se révélera le vaillant héros dont avait parlé Dieu.

Le nom par lequel Dieu l'avait désigné lors de leur première rencontre de tête à tête finit par désigner de façon expressive et permanente son identité pour tout le reste de sa vie. Il est bel et bien devenu le vaillant héros dont parlait Dieu, *car*

l'histoire finit toujours par donner à l'homme sa vraie valeur lorsqu'il s'aligne par rapport au plan de Dieu pour sa vie.

Dieu s'était immiscé dans son présent pour lui donner un aperçu de son futur.

Le futur est donc un passé pour Dieu, qui des fois s'autorise des irruptions temporelles pour nous le faire parvenir en des termes prophétiques.

En effet, le prophétique est la capacité à lire les évènements tant passés qu'à venir, les signes avant-gardistes. Ce que nous prenons pour futur est une réalité passée pour Dieu, car Dieu ne promet que ce qu'il a déjà accompli dans sa dimension d'existence. Le prophète Jérémie et l'apôtre Paul nous le montrent chacun à son époque, considérant tous deux le passé de Dieu comme étant le futur de l'homme.

Jérémie 1 : 5 « *Avant que je t'eusse formé dans le ventre de ta mère, je te connaissais, et avant que tu fusses sorti de son sein, je t'avais consacré, je t'avais établi prophète des nations* ».

Romains 8 : 29 « *car ceux qu'il a connus d'avance, il les a aussi prédestinés... Et ceux qu'il a prédestinés, il les a aussi appelés et ceux qu'il a appelés, il les a aussi justifiés, et ceux qu'il a justifiés il les a aussi glorifiés* ».

	Romains 8 :29	Jérémie 1 :5	
Pré connaissance	« ceux qu'il a connus d'avance »	« Avant que je ne te forme… Je te connaissais »	Avant le temps
Pré destination	« Il les a aussi destinés d'avance »	« je t'avais établi prophète des nations »	Avant le temps

Comme le montre le tableau ci-haut, les deux premiers actes du projet de Dieu, il les a accomplis avant le temps, c'est-à-dire dans l'éternité. Raison pour laquelle, Paul utilise le préfixe « pré » qui veut dire en avance, ce que Jérémie lui traduit avec le mot « avant ». Dieu connaissait déjà tous les jours de nos vies avant même que le premier d'entre eux n'existe.

Le seul endroit où nous existions déjà dans l'éternité, c'est dans la pensée de Dieu.

La prédestination est une notion qui suscite des débats houleux dans les milieux ecclésiastiques et théologiques. Elle est souvent mal comprise et fait objet de plusieurs spéculations. Ce n'est pas notre focus dans ce chapitre. Néanmoins, il nous revient d'en dire un mot vue que ce chapitre mentionne la pré-connaissance d'après ce que Paul nous dit dans son épître aux Romains.

L'apôtre Paul dit : « *ceux qu'il a connus d'avance, il les a aussi prédestinés...* » Et tout cela se passe dans l'éternité. C'est dans l'éternité, le domaine de Dieu qu'a lieu la pré-connaissance et la prédestination. 1 Pierre 18 : 20 renchérit cette notion de prédestination en disant que l'agneau de Dieu a été immolé avant la fondation du monde, puis manifesté dans le temps. Pour dire que la raison pour laquelle l'agneau de Dieu a été manifesté repose sur le fait qu'il avait déjà été immolé.

Notre futur est donc un passé pour Dieu, car Il nous a destinés d'avance. C'est donc logique à ce niveau que nous nous posions la question de savoir si nous, hommes, ne sommes pas que des automates, c'est-à-dire dépourvus de volonté propre; ou si le libre arbitre n'est pas qu'une illusion ? Du fait que tout a été déjà prévu d'avance.

L'apôtre Paul affirme pourtant le contraire. C'est la raison qui nous pousse à dire que nous avons bel et bien un avis à émettre, voire une volonté à dicter. Car dit-il, je paraphrase : « *ceux qu'il a connus d'avance dans l'éternité, il les a aussi appelés ; et ceux qu'il a appelés, il les a aussi justifiés et ceux qu'il a justifiés, il les a aussi glorifiés* ». C'est donc dans le temps qu'il les a appelés. L'apôtre Paul ne parle pas d'appeler d'avance, non. L'appel se fait donc dans le temps. Dieu prépare un projet depuis l'éternité et dans le temps, il nous appelle. C'est en ce moment-là que nous avons le droit de décider si nous voulons adhérer ou pas dans le projet qu'Il a tracé pour nous.

L'appel, la justification et la glorification sont des faits qui se réalisent dans le temps. Voilà pourquoi ils ne portent pas le préfixe « pré » et requièrent notre adhésion, notre volonté et participation.

Ainsi, lorsque Dieu sollicite notre participation dans son programme de destinée en nous faisant des promesses, Il a déjà seul, pour nous, parcouru le chemin, sans nous et avant nous.

Dieu vient de là où nous allons. Pour Dieu, il n'y a aucune distinction entre le passé, le présent et le futur car chaque instant de l'univers existe déjà devant Lui qui est hors du temps et omniscient.

Nous nommerons donc de « son passé », les actes qu'il a déjà accomplis pour nous dans l'éternité mais que nous ne pourrons palper que dans notre futur que

nous qualifions de « prophétique ». Un futur est prophétique par rapport à nous, mais devient « passé prophétique » par rapport à Dieu.

2. Téléologie

Du grec « télos » signifie « fin », « finalité »; et
« logos »: « discours », « étude » ou « science ».

La téléologie est donc l'étude des phénomènes se
rapportant à la fin d'une histoire, d'un processus, de la
vie d'une personne, voire même d'une saison ou période
de l'Histoire.

Bien souvent lorsque le présent est déplaisant ou
incertain, nous sombrons très vite dans l'abattement et
la résignation. Nous ne voulons plus croire et essayer,
mais acceptons et commençons même à nourrir nos
pensées de peines et désespoirs. Lorsque nous vivons
une situation difficile, tout pour nous se résume à cela,
comme souvent la douleur exige d'être ressentie ; nous
devenons sourds à tout autre situation et seule notre
peine, notre douleur, notre manque nous occupe.

Pour moi, ce fut le cas après la disparition de ma
chère mère. Les années passaient mais je restais dessus
et déçu. Je me demandais comment est-ce que le monde
pouvait continuer d'avancer alors que moi j'avais si mal.

Pour une de mes amies, c'était l'échec. Elle avait
repris une classe, alors que tout ce qui lui importait
n'était que cette classe qu'elle venait de reprendre.

LES TÉNÈBRES DE DIEU

Avant de continuer, je voudrais nous dire qu'il peut nous arriver des échecs, des pertes mais nous ne devrons jamais nous assimiler à ces situations.

Connaître un échec ne fait pas de vous un échec.

Pour parvenir à penser de la sorte, il faut chaque fois regarder devant soi, cela nous aide à bien affronter le présent.

Beaucoup d'auteurs s'accordent pour dire que notre présent influence notre futur, qui n'est lui que la résultante des choix présents. Cela s'avère vrai mais dans la téléologie, l'inverse aussi est vrai. C'est parce que chacun de nous a un futur différent que nous opérons différemment nos choix aujourd'hui. La finalité motive notre vie et tout s'articule autour d'elle pour l'atteindre.

Jésus savait qu'il était venu pour racheter l'humanité. De ce fait, durant tous les jours de son parcours terrestre il avait en tête la connaissance de sa finalité. La croix n'était donc pas un accident de parcours dans sa vie ; il a vécu chacun de ses jours en s'y rapprochant de plus en plus.

La croix n'était pas pour lui un acte de consécration, mais l'expression d'une consécration quotidienne et ponctuelle qu'il a accepté de faire volontairement au prix d'un sacrifice personnel afin d'obéir à Dieu.

Voilà pourquoi Dieu l'a aussi souverainement élevé en lui donnant le nom qui est au dessus de tous noms comme nous le révèle Philippiens 2:8-9.

Nos croix sont taillées à la mesure de la gloire que nous devons recevoir.

Dieu utilise notre futur comme un catalyseur pour engloutir notre passé. Le présent trouve son sens et sa justification par rapport au futur, qui lui agit comme un indicateur révélant l'efficacité de nos décisions présentes.

Tous les évènements du passé, du présent et du futur sont liés d'une manière ou d'une autre pour que cet ensemble qu'est la vie porte tout son sens.

C'est ainsi que l'espérance est très vitale pour l'homme. La Bible dit « *un chien vivant vaut mieux qu'un lion mort* » ecclésiastes 9:4.

L'espérance nous attire vers les choses à venir. Elle est la foi qui se conjugue au futur. L'espérance est très pétillante chez les enfants qui croient en tout et rêvent qu'ils peuvent tout réaliser. Mais une fois grands, ils réalisent que tout a un prix et que *la réalisation d'un rêve passe souvent par la destruction de plusieurs autres.*

D'où, la nécessité d'acquérir la sagesse d'identifier le rêve prioritaire à poursuivre maintenant tout en gardant son espérance ouverte au futur quant aux autres rêves. Il est impératif de rester focus sur l'espérance parce que vivre le présent sans possibilité du futur, c'est gâcher son temps. Voilà ce qui permet de continuer la marche malgré les ténèbres qui nous enserrent. C'est cette ferme assurance d'un lendemain meilleur par rapport à la réalité présente qui nous motive.

Peu importe les circonstances que la vie nous présente maintenant, nous pouvons bien avancer car notre espérance en l'avenir demeure ferme.

« Vu que demain est certainement meilleur, je décide de travailler mon aujourd'hui pour qu'il soit à la hauteur de mon lendemain pour ainsi annuler toute hypothèse pouvant me conduire à capituler ».

Peu importe ce que vous vivez maintenant, vos douleurs, vos peines, vos déceptions, vos essais non concluants, vos inquiétudes, vos échecs... Parfois, il convient de continuer jusqu'à y arriver, essayer jusqu'à réussir, commencer et recommencer jusqu'à achever, se battre jusqu'à gagner ; sinon toutes les souffrances endurées deviendraient inutiles si vous vous résignez.

CONCLUSION

COMPAGNONS DE CAPTIVITÉ

Romains 16, 7 « *Saluez Andronicus et Junia mes parents et mes compagnons de captivité...* »

Dans l'épilogue de son épitre aux romains, l'apôtre Paul, comme dans ses habitudes, salue les personnes qui l'ont marqué d'une manière ou d'une autre, et généralement à leurs noms il ajoute une ou quelques appositions pour fournir un complément d'informations devant décrire une des qualités voire la nature même de ces personnes. En l'occurrence, nous avons la phrase suivante, tirée du verset 3 du chapitre 16 du livre des Romains où Paul utilise une apposition pour mieux illustrer Prisca et Aquilas en écrivant: « *Saluez Prisca et Aquilas, mes compagnons d'œuvre en Jésus-Christ* ».

En lisant ce chapitre et toutes les appositions y contenues, l'une m'est resté gravé dans l'esprit, non seulement pour sa particularité mais aussi pour sa rareté : « *compagnons de captivité* ». En effet, Paul qualifie plusieurs de compagnons d'œuvre, de bien-aimés... mais quatre personnes seulement dans toutes ses épitres sont décrites comme ses compagnons de captivité.

Il s'agit d'Aristarque (Colossiens 4 :10), d' Epaphras (Philémon 23), et d' Andronicus et Junia tel cité précédemment.

Paul était souvent en captivité comme on peut le lire : « *Sont-ils ministres de Christ ? –Je parle en personne qui extravague.- Je le suis plus encore : par les travaux, bien plus ; par les coups, bien plus ; par les emprisonnement, bien plus. Souvent en danger de mort...* » 2 corinthiens 11 :23, pourtant dans tous ses moments d'emprisonnement il ne fut toujours pas seul. Il lui est arrivé de partager ses chaines avec Aristaque, Epaphras, Andronicus et Junia, ses compagnons de captivité.

Comment alors appliquer ce concept de captivité dans notre contexte de vie actuel ? Où tous nous ne serons pas physiquement en prison.

Cette captivité peut donc vouloir dire bien des choses notamment:

- Temps de pause ;
- Temps de silence ;
- Moments où l'on n'a plus la même liberté qu'avant ;
- Moments de souffrance, de peine ou de douleur ;
- Moments de questionnement ou d'incompréhension ;
- Moments de doute ;
- Moments où l'on n'a plus le même éclat qu'avant ;
- Moments où l'on n'est plus sous les projecteurs comme avant ;
- Moments de solitude ou d'abandon ;

Bref des moments de ténèbres...

Mais durant ce genre de moments, alors que plus personne n'est là avec nous, il y a tout de même une race de personne qui nous reste toujours loyale et qui continue de croire en nous, à partager nos chaines et même à nous assister : les compagnons de captivité.

Il est arrivé à David de passer par ces moments où Dieu lui attira des compagnons dans sa caverne

(1 Samuel 22 : 1-2).

Mes chers lecteurs, il y a des gens qui ne seront autour de nous que pendant nos moments de gloire. Une fois dans de sombres moments, ils nous abandonneront, un peu comme ces insectes qui gravitent autour d'une ampoule tant qu'elle est allumée et une fois éteinte, ils n'y sont plus. Ce sont des gens qui profitent juste d'un éclat.

Toutefois, il y a aussi des gens qui descendent avec nous jusque dans la fosse aux lions. Je bénis Dieu pour cette race de personnes.

Je me suis souvent demandé où étaient passées les femmes de 1 Samuel 18 :7 qui chantaient des louanges à David quand celui-ci brillait de milles feux: « *Saul a tué ses milliers, David a tué ses dix milliers* ». Où étaient-elles donc passées pendant que David passait par ses moments les plus sombres, poursuivi par Saul, d'une part, recherché par les philistins, d'une autre part ?

David n'avait-il pas encore plus besoin d'elles durant ses moments de doute ? N'avait-il pas plus besoin d'entendre leurs louanges dans la caverne pour lui redonner espoir ?

Il est arrivé à ce que l'homme qui avait reçu des promesses commence par douter de leur accomplissement, et ceux qui, jadis, l'acclamaient n'étaient plus là pour le réconforter.

Les compagnons de captivité sont ceux qui sont avec vous dans vos moments de ténèbres, ceux qui portent votre fardeau à cœur comme s'ils étaient vous-même ; ceux qui pleurent avec vous dans vos nuits les plus sombres, qui vous poussent à croire en vous quand vous n'en avez plus aucune raison ; ceux qui vous prêtent leurs épaules, afin d'y verser vos larmes ; de ceux qui vous tiennent la main pour continuer la marcher et qui, lorsque vous n'avez plus de force pour marcher, vous portent dans leurs bras pourvu que vous atteignez la ligne d'arrivée.

Lors de nos moments de ténèbres, nonobstant toutes les épreuves par lesquelles le Seigneur nous fait passer ; à bien observer, il y a des gens qui sont là avec nous alors que tous autres sont soit partis, soit occupés.

A tous ceux qui ne sont pas forcément attirés par la gloire, à ces gens qui peuvent voir le messie dans un berger ; à ceux qui peuvent voir le produit fini dans la matière brute ; à ceux qui peuvent voir clairement dans les ténèbres ; à tous ceux-là, je dis merci. Vous êtes un élément essentiel dans le processus qui mène à la grandeur.

Merci à tous ceux qui étaient présents pour moi,
alors que plus personne n'était là.

www.ingramcontent.com/pod-product-compliance
Lightning Source LLC
LaVergne TN
LVHW051808080426
835513LV00017B/1868